これからの地域の暮らし方をみんなで創って一生すみたいのシナリオ

公共交通「ノッカル（MaaS）」が、消滅可能性都市を蘇らせたのは、なぜか？

畠山洋平／堀内悠 著

大学教育出版

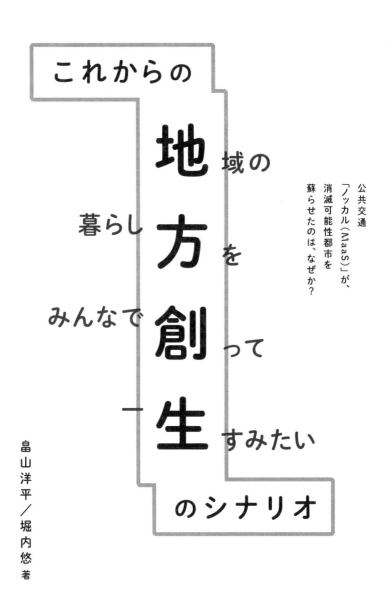

まえがき

1 日本の社会課題の解法を目指して

ある天才数学者は、「最も重要な未解決問題」に挑む際、従来数学の固定観念を覆すような理論を打ち出し、鮮やかにその解を得ました。その解法は、確からしさがなお議論されるほど斬新なもので、数学の常識の延長線上ではなく、違う宇宙から生み出されたかのような視点を持ち合わせていました。

2020年代は、従来の常識を疑い、再編し、新しい常識を紡ぎだしていく時代だと思います。コロナ禍では、「新しい生活様式」という言葉が盛んに使われましたが、我々の生活環境も大きく変化しました。

例えば、「働き方の変革」。オンライン打ち合わせは当たり前のものになり、コロナ後もテレワークを継続して推奨している企業もあります。また、東京の拠点を故郷に移し、自分らしい暮らしを目指す人、家族の生活環境を考えて二拠点生活を実行している人も増えるなど、私たちの暮らし方も多様性が受け入れられやすい時代になっています。

今後、このような変化は多様な領域に及び、私たちの従来の常識を覆すような「生活の問い直し」が起こるのではないか。と予想しています。日本社会は、あらゆる領域で社会課題を抱えており、従来視点では解決困難なテーマが増えているからです。現代の私たちの社会インフラや生活様式は、高度経済成長時に確立されたものが多く、現在の人口減少局面においてそのまま維持できるものでしょうか？

現代日本には、数多くの未解決問題が内包しているのではないか？そして、次の世代を担う私たちが、新しい時代に適応できる新たな解法を生み出していくべきではないか？

本書では、博報堂という一企業内の「社会課題解決プロジェクト」メンバーが、過疎の進行する一自治体でリアルな社会課題と向き合い、解決サービスの社会実装に奮闘する姿をご紹介します。プロジェクトの取り組みは、交通・教育・福祉・地域振興からマイナンバーカードを活用したサービスなど、我々の生活を支える多様なテーマに及んでいますが、本書では、私たちのスタート地点である「地域交通」を中心に取り上げます。「ノッカルあさひまち」という、新たな公共交通サービス開発の実例とともに、このプロジェクトに携わる多様な方々の想いも、重要な構成要素といえます。社会課題の解法とまではいきませんが、同じような志を持たれる方々に、少しでもお役立ていただければ幸いです。

2 私たちの地方創生MaaSチャレンジ

「ノッカルあさひまち」は、博報堂が中心となり、富山県朝日町で社会実装した新しい公共交通で、現在、他地域にもその運行範囲が拡大しています。地域のマイカーを活用し官民共創で運営するもので、事業者協力型ライドシェアともいわれる新しい公共交通です。朝日町は、新潟との県境にある富山県最北の町で、町長自ら「社会課題先進エリア」と表現するほど、多様な課題を抱えたエリアです。現在の人口は1万人あまりですが、高齢化率は45％近く、人口減少も続くなど、国内でも有数の少子高齢化が進んでいる地域でもあります。

地域交通の要は、富山市とつながる「あいの風とやま鉄道」と、地域内を走る「あさひまちバス」と「黒東タクシー」です。ただし、バスは3台、タクシーは9台の規模で、町内移動はほとんどがマイカーによるもの。マイカーの登録台数はなんと8000台以上。日本の地方部は、どこも似た状況だと思いますが、圧倒的なクルマ社会なのです。私たちの取り組みは、この1万人の町の8000台のマイカーを地域資産として捉え、地域の公共交通を、これからの少子高齢化時代に合わせて再編していこうというもの。交通を核に、地域教育や地域振興を掛け算しながら、地方ならではの日本版MaaS（モビリティ・アズ・ア・サービス）を目指しています。

ところで博報堂は、あくまでも東京を拠点とする広告会社です。なぜ、朝日町の地域交通課題に取り組み、自ら新たな公共交通サービスを開発・運用するに至ったのか？ その出会いや考え方については、後ほどの章でご説明しますが、ひとついえるのは、このプロジェクトは、博報堂にとってとても大きなチャレンジであるということです。プロジェクトメンバーにとっても、博報堂にとっても、地域交通への取り組みはもちろん、広告以外のサービス開発や事業開発も新しい取り組みで、ほぼ前例のないものでした。初期メンバーは4名だけで、入社以来、営業として自動車会社のクライアントを担当し続けていた畠山と、マーケティングプラナーとして企業課題の解決やサービス開発にあたってきた堀内を中心に、自主的に結成したもの。いわば、大企業の中でのスタートアップ企業のようなものでした。

単なる交通領域のサービス開発（MaaS開発）というよりは、「社会課題解決にチャレンジするプロジェクトのマネジメント」や、「新領域におけるサービス開発や事業開発の実例」といった側面が大きいと思います。博報堂ならではのマーケティングやクリエイティブの視点、哲学としての生活者発想をふんだんに盛り込んだ構成を意識しています。また、本書でご紹介するサービスは、課題をデジタルの力も活用して解決していこうという、ＤＸ（デジタルトランスフォーメーション）の実践実例としても意義のあるものだと思います。

とくに、次のような方に、より共感いただけるものだと確信しています。
・地域を支えている、地方自治体職員や議員の方
・青年会議所、商工会議所、自治会、町内会などの地域団体の方
・自動車・バス・鉄道・タクシーなど、交通事業者の方
・交通以外の MaaS 事業担当者や興味のある方
・地方創生ビジネスを軌道に乗せたい方
そして、
・社会課題をテーマにした新規サービス開発を目指す方
・大企業の新規事業開発の担当者
・大企業でイノベーションを起こしたい方
・地方や日本の未来を担っていく学生の皆さん
・地方や日本の未来に関心のあるすべての方

本書でご紹介する実例は、富山県朝日町の現場で私たちが取り組んできたもの。一つの町の話ではありますが、20年後の未来に日本中で深刻化しているはずの課題だと考えています。課題先進エリアである朝日町の事例は、将来の日本が生き残るための多くのヒントを与えてくれます。日本の明るい未来を描きながら、本書のページをめくってもらえたら、著者として嬉しい限りです。

これからの地方創生のシナリオ

目次

第１章

なぜ、住みたい町が消滅してしまうのか？

1　地方の財政赤字を国が負担している

本章では、日本の地方創生を考える前に地方公共団体（都道府県や市区町村などの自治体）の現状をお伝えしたいと思います。まず、地方公共団体の財政についての視点からです。生活者にとっての生活インフラとなる教育・警察・消防・環境衛生などの公的サービスを提供していますが、その財源は各地域の地方税が担っています。ただし、各地方公共団体には当然ながら税収に大きな差があり、公的サービスに格差が出てしまいます。この格差を是正するために、国が地方公共団体に支出する財源が「地方交付税交付金」といわれるもので、令和5年度は、年間16兆円あまりにものぼります。日本の年間歳出は令和5年度で年間114兆円あまりですから、地方交付税交付金の規模の大きさがわかります（出典：財務省HP―令和5年度予算のポイント）。

ここ数年、国家予算の15％ほどが地方を中心とした公共サービスの補助に充てられているという現実があります。つまり、大前提として、地方公共団体が提供する公共サービスは、国の援助（私たちの税金）なしには、成り立たない状況になっているということです。

例えば、生活インフラとして重要視される「地域交通」分野は、民間の鉄道やバスの縮小・撤退が進み、地方公共団体が提供する公的サービスとして再編が行われているという現実があります。地域交通の要となるバス交通では、地方公共団体が中心となって運営する「コミュニティバス」が急速に拡大しており、２０２２年現在、１７００超の全市町村のうち、約１４００の地域でコミュニティバスが運行されています。また、バスが「空気を運んでいる」などといわれるように、大きなバスに対して乗客数が極めて少ないという現実もあり、予約があった際にだけ運行するデマンド型の運行（オンデマンド交通ともいう）などが増えるなど、減便や減ルートにつながる負のスパイラルに陥っている状況があります。当然、コミュニティバスなどにかかる運行費用は大幅な赤字（収支率が10％に満たない自治体も）となり、「地方交付税交付金」によって賄われているケースも増えています。バスを中心とした地域交通の確保には、年間７００億円を超える特別交付金が投入されており、10年間で50％以上増加しています（出典：国土交通省資料９頁、平成21年度４６６億円→令和元年７２２億円、10年で54・9％アップ）。

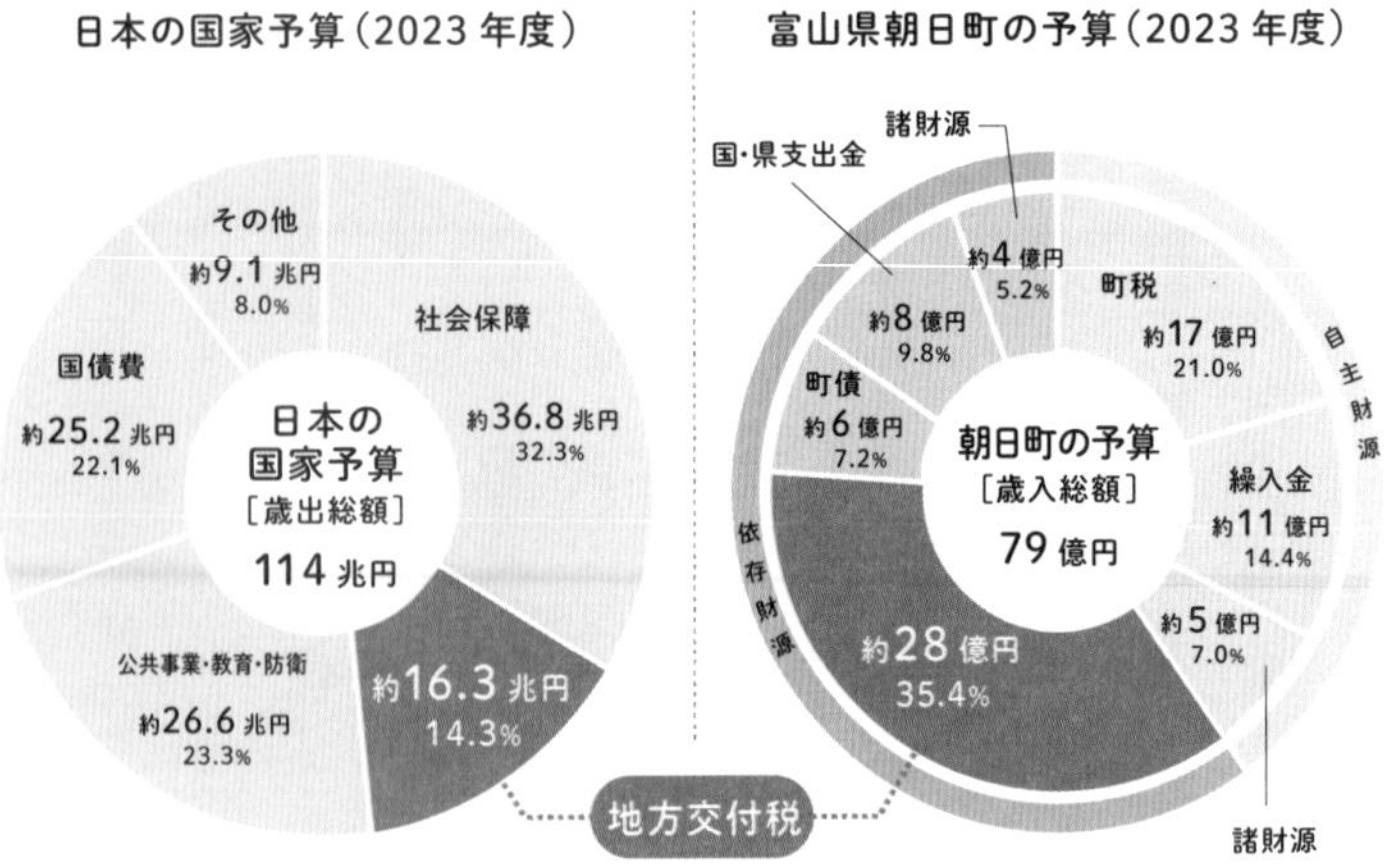

国家予算と地方自治体の予算

このような地方自治体の状況を、私たちが地域創生MaaSを社会実装した富山県朝日町の事例で説明したいと思います。朝日町は人口が1万人あまりの自治体ですが、ここ数年の歳入額は70～80億円程度で、歳入の3分の1程度（令和4年度で27億円、令和5年度で28億円）を地方交付税交付金が占めています。また、町税を主とする自主財源は3分の1程度で、残りの3分の1は、町債や国や県からの支出金で賄っており、歳入全体の3分の2を依存財源が支える構造になっています。言い換えると、生活インフラとして必須の公共サービスは、国からの援助である公助によってなんとか保たれている状況です。これは、朝日町に限った話ではなく、日本全国の地方公共団体でも、この公助依存の高さが社会的な問題になっているのです。

背景には、地方部における産業の少なさが挙げられます。また、若い人が都市部に流出し、人口減少と過疎化が進んでいます。人気の観光地であれば、観光収入が期待できますが、企業誘致などに成功しない限りは、法人税の増加も簡単ではありません。その結果、多くの地方自治体が依存財源に支えられることになり、国全体の社会課題であるとともに、各地方自治体の存続問題へとつながっていきます。これまでの公助依存の運営が、今後、限界を迎えてくるのは明らかで、地方の赤字を国が支えきれなくなり、共倒れする可能性もゼロとは言えません。

私たちは、今回の地域交通や地方創生にあたっても、この地方財政の現状を大前提とし、日本の社会課題全般に取り組んできました。最初の一手は地域の生活や経済にとって〝幹〟である「地域交通課題」。地域の交通課題を解決するため、地元自治体や地元の事業者の皆さんと連携し、地域創生 MaaS のプロジェクトをスタートさせました。地方におけるさまざまな課題を明確にし、地方創生について読者の皆さんと一緒に考えていきます。

2 合併吸収で市町村が減少する現状

西東京市、さいたま市、南あわじ市、四万十市、奥州市、南砺市、霧島市、これらの市町村に共通することがあります。それは、「平成の大合併」で新しく誕生した市町村ということです。その他にも、数多くの市町村がこのときに誕生しました。

平成の大合併とは、政府主導で大規模に進められた市町村合併であり、全国にある市町村の数が約半数に減少しました。平成11年（1999年）にスタートし、平成22年（2010年）までの11年間で、全国に3232あった市町村は1727まで半減したのです。

国が全国的な市町村合併を推進した理由は、自治体を広域化することで行財政基盤を確立するというものでした。たしかに、国の狙い通り合併で効率的な自治体運営が可能になったという一面はあります。その一方で、悲しいことに各々の市町村にもともとあった伝統文化や生活習慣が失われてしまったのも事実です。ある市町村では、役場がなくなって周辺地域の商店街が一気に閑散としました。先述の朝日町はこの平成の大合併では統合されずに残り、朝日町ならではのコミュニティや文化が継承されている反面、約45％にのぼる高齢化率と人口減少に直面しています。

このような財政問題や少子高齢化による自治体の存続危機は、私たちの暮らしにも直結する問題です。現状では、依存財源に支えられながら提供されている公助サービスも、将来的な維持が難しくなる可能性が高く、「自助・共助・公助」のバランスの見直しが必要になってきます。ここ最近では、行政による公助に頼るのではなく、官民共創での「共助サービスの実装」や「共助共創型社会の実現」を目指す動きも活発になってきています。共助共創型社会とは、地域の経済活動やコミュニティ活動に、自治体・地域住民・民間企業が積極的に参加し、ともに地域課題を解決していこう、という社会のことです。自助・公助だけに頼らない、共助型のサービスの提供も始まっています。

私たちが朝日町と導入した「ノッカルあさひまち」は、自治体・地域住民・民間企業がそれぞれの役割を担いながら創り出した、共助共創型の公共交通です。地域が自立し、自力で存続していくための、そして、地方創生を成功させるための最初の一歩であり、新たな社会インフラ創りに相当すると考えています。

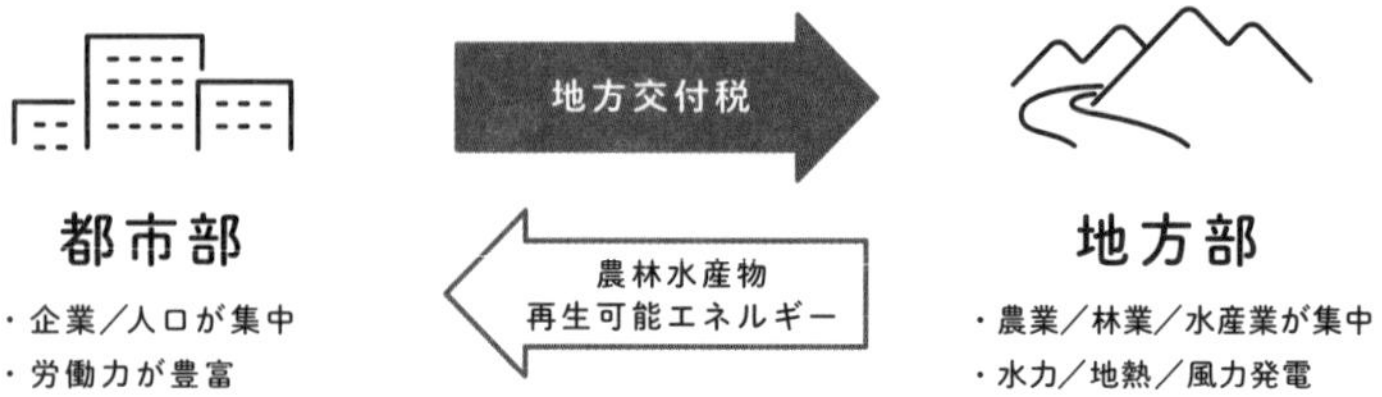

都市部と地方部の関係性

また、このような社会課題は、地方だけの問題ではありません。地方交付税交付金の流れを見ると、企業や人口が集中する都市部は、地方部の公共サービスを下支えしているという見方もできるのです。

一方で、エネルギーや食料などの観点で見ると、地方部が都市部を支えており、持ちつ持たれつの関係性をバランスよく保てることが理想だといえます。

さらに、これから5年10年のスパンで考えると、脱炭素社会の実現に向けて、自然や土地が豊かな地方部は、再生可能エネルギーの調達などでも、都市部を支える役割を担う可能性も高いのです。

3 「消滅可能性都市」が全国に与えたインパクト

２０１４年5月、日本の地方社会に、さらに衝撃を与える出来事がありました。「日本創成会議」の座長である増田寛也氏が「消滅可能性都市」を発表したのです（参照：『地方消滅－東京一極集中が招く人口急減』増田寛也著、中公新書、２０１４年）。これは、少子化や人口流出に伴う人口減少で、消滅する可能性のある市町村を実名で公表したものです。２０４０年までに全国約１８００市町村のうち約半数の８９６市町村が消滅する可能性を示し、大きなインパクトを与えました。通称「増田レポート」とも呼ばれるこの報告書には、２０１０年から２０４０年までの間に20～39歳の女性の人口が5割以下に減少する自治体が掲載されました。富山県朝日町も消滅可能性都市の一つであり、『消えてたまるか！　朝日町』（浜松聖樹著、北日本新聞社、２０１７年）という書籍が刊行されるほど、朝日町消滅への危機感（合併吸収への危機感）を抱えています。まさに、自分のふるさとが無くなってしまうのではないか？　自分の愛する町に住めなくなってしまうのではないか？　という不安が拡大しています。

朝日町は、高齢化率が45％近い地域で、少子高齢化に伴う多様な社会課題を抱えています。町自らが「社会課題先進エリア」と明言しており、朝日町にない社会課題はないといわれるほどです。例えば、10あまりあった地区ごとの小学校は統廃合を繰り返し、いまでは中心部に2校のみとなりました。朝日町唯一の高校であった富山県立泊高校は、令和4年3月に閉校となり、子どもの学習環境やその家族の生活環境にも大きな影響を与えています。子どもたちが少なくなると、各地域に根付いた伝統や文化の継承は難しくなり、地域独自、日本独自の多様な暮らしが消滅していく可能性が高くなります。つまり、消滅可能性都市とは、単なる自治体数の減少ではなく、地域特有の「暮らしや文化」の消滅にもつながりかねないものなのです。

900あまりある消滅可能性都市では、上記のような「暮らしや文化」の消滅だけでなく、多様な社会課題に直面しています。主だった社会課題を挙げると、

- 少子化に伴う教育環境の変化による、地域ごとの「教育格差」の解消
- 高齢者の生活や健康を守るための、「地域医療」の充実

また、少子高齢化を食い止めていくための、

- 地域産業の誘致や、地域資産を活かしたビジネス開発

● 関係人口や交流人口を生み出す、観光や地域活性化活動

同時に、地域で生活していく上での必須要素になる生活インフラでは、

● 安全な暮らしをかなえる、地域特性に合わせた防災の取り組み
● 生活の足となり、地域活性化や健康な生活にも直結する地域交通の維持

さらに、昨今の社会的要請に対応することも重要で、

● 環境保全・脱炭素（再牛エネルギー活用）に関する取り組み
● 官民共創を加速させるための、地域内外への情報発信

なども、地域が抱える社会課題の一つに数えられます。

社会課題一覧

- 域内外への情報配信
- 環境保全・脱炭素
- 不自由ない交通
- 安全な暮らし・防災
- 観光・地域活性化
- 地域資産活用・ビジネス化
- 充実した地域医療
- 格差のない子育て・教育支援

● 地方が直面する社会課題

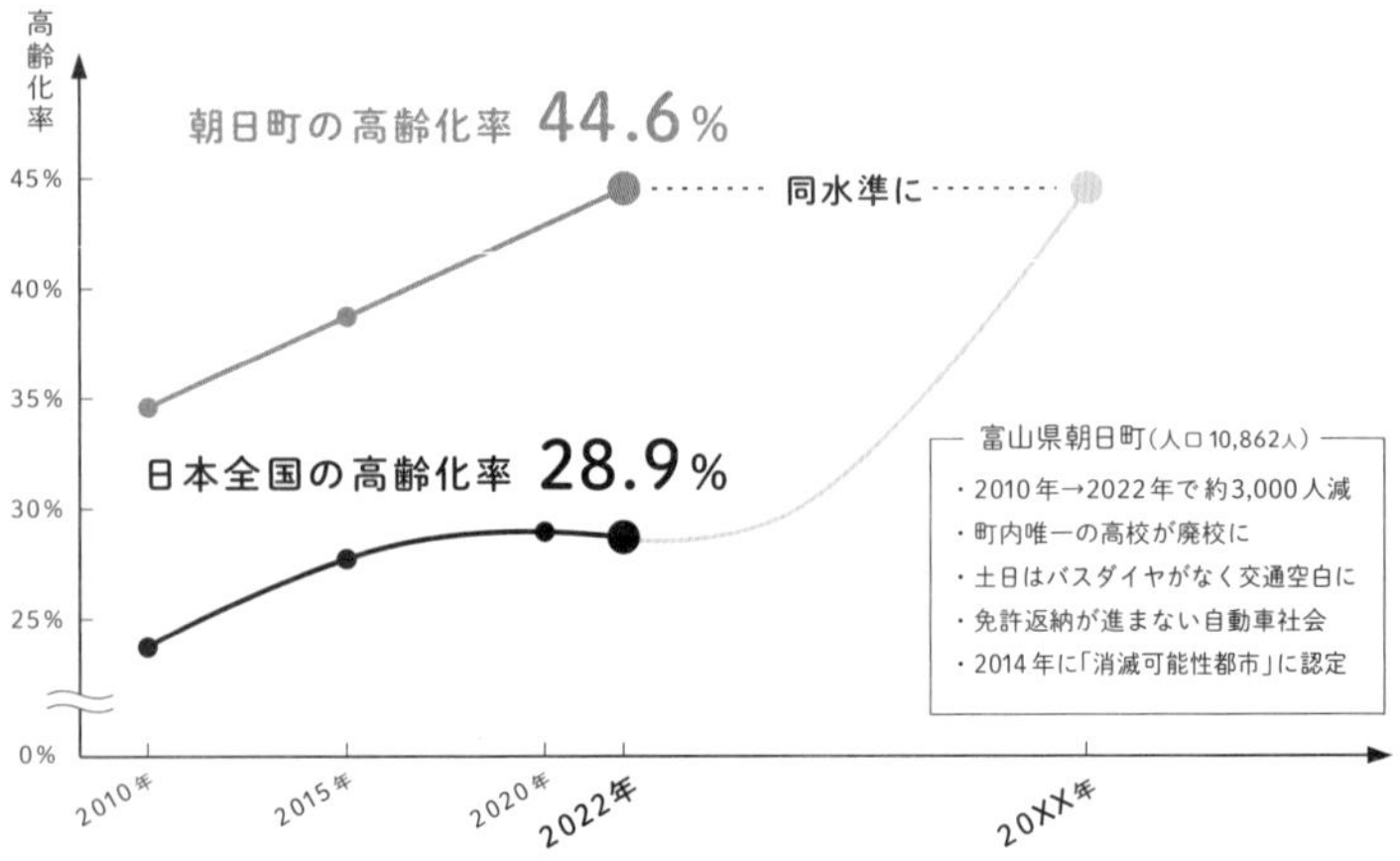

少子高齢化の先進エリア

このような社会課題は、地方に限った話ではありません。

例えば、交通領域では、都市部の中心エリアにおいて、大規模な開発費と運用費がかかる地下鉄は赤字運営を強いられるケースがあります。都市部の周辺エリアはバス交通が中心になっていますが、年々ダイヤが減りバスも小型化、生活サービスとしての利便性が保てなくなっている地域も増えています。実際に、人口規模１万人の朝日町だけでなく、人口規模が１００万人を超える政令指定都市においても、私たちは同様の地域交通に関する取り組みを始めています。

共助共創型「ノッカルあさひまち」の運行現場には、１００を超える地域から視察団が訪れています。

なぜ、全国からの視察が後を絶たないのか？

朝日町は自他ともに認める「社会課題先進エリア」だからに他なりません。

高齢化率45％の社会は、おそらく日本全国の多くの自治体において、同じような状況を迎える可能性があります。実際に、大都市部のニュータウンを抱える自治体からの視察も多く、高齢者を中心とした移動課題は、まさに朝日町と同様だと共感する担当者が多いのが象徴的でした。

4

地方に暮らしている人の本音

ここでは、社会課題解決への取り組み姿勢についてお伝えします。

私たちのチームが大切にしているのは、徹底した生活者発想です。例えば、共助型のサービスを開発するときに、どれだけ素晴らしいテクノロジーを導入しても、現場で使ってもらえなければ意味がありません。博報堂が得意とするマーケティングプランニングでは、ある商品のマーケティング戦略を考える際、生活者の視点から徹底的にその商品の価値を問い直します。物性や機能価値ではなく、ターゲットの気持ちや体験をどうデザインするのか？　生活者のインサイトを最重要視するプランニングです。

社会課題解決でも同様です。たとえ交通領域の課題であっても、その土地で暮らす皆さんはどのような生活をされているのか？　また、皆さんの課題とは何なのか？　どのような感情を持たれているのか？　どのような体験をされたのか？　徹底的に掘り下げ、360度理解するように努めながら、解決のための糸口を探っていきます。もちろん、企業である以上、最終的には収益をあげる必要があります。ただ、外部の人間がいきなり自分たちの商品を売り込んでも、住民や地元事業者の方々の立場で考えると、黒船のような脅威として捉えられる可能性もあります。

私たちのフィロソフィーは「生活者発想」であり、「パートナー主義」です。やるべきことは、その土地で暮らす皆さんの生活をまるごと理解して、パートナーの皆さんと一緒に最適な解を導き出し、課題解決につなげていくことだと考えています。実際に、マイカー公共交通「ノッカル」の開発においても、現地で一番最初にお話をお聞きした場所は、地元のスーパーや病院でした。公共交通をよく使われる学生や高齢者の皆さんが、どのような暮らしをされているのか？　どのような不便を抱えられているのか？　ときには一緒にお茶をしながら、朝日町のリアルな暮らしを理解していきます。そして、後にパートナーとなる地元の交通事業者（タクシー会社）の社長や従業員の方にも、交通や移動の課題だけでなく、地元の皆さんの暮らしやエリアごとの文化的な特徴、タクシー事業の経営課題まで定期的にお話しすることで、信頼関係を構築し、解決策を探っていきました。

特に、今回のような公共サービスの開発では、いかに持続的にサービスを運用していけるか？　そこが最大課題で、その運用の主体は、朝日町の役場や交通事業者、住民の方々です。

あくまでも、「地元生活者の課題解決」や「地元事業者の積極的な関与」があって初めて、ノッカルが持続的に運行できるのです。「博報堂の商売や儲け」の可能性が生まれるのは、この大前提があった上でのこと。もし、この順番を無視して、私たちの儲けを優先して動いていたら、朝日町でのさまざまな取り組みは失敗に終わっていたはずです。

このように、私たちは朝日町だけでなく、さまざまなエリアで社会課題を抽出し、その解決策を探るための活動をしてきた中で、地方の方々（特に高齢者の皆さん）に共通する気持ちがあることに気づきました。

それは、現状に不便があったとしても、「まあ、そんなものだろう」と、特に不満も感じず、諦めてしまっているということです。東北地方のあるエリアでは、地元の方にその地区の高齢者の皆さんの生活をお聞きする中で、次のような意見もありました。

「もうみんな足腰も弱ってるから、外に出なくていいんだよ。運転もできないし、連れて行っても時間かかるだけだから」

交通手段に乏しいこのエリアでは、「お年寄りになること＝外に出ないこと」が当然のことのように語られていました。

一方で、「運転免許がなくて自分では外出できないけど、交通手段が充実すれば、買い物に出かけ、友達と会い、楽しい体験をしたい」という方々も、実際にはたくさんいらっしゃいました。

他に感じる共通点は、「最終的には誰かが助けてくれるだろう」という依存的な考えです。私たちのチームは、大半が地方出身者ですが、地元の衰退していく姿を身をもって感じています。地元に帰るたびにバスダイヤの便数が減り、車体も小型化していっています。民間バスは撤退したエリアもあります。公共サービスは「あって当たり前」が大前提になっており、自治体や国に対して「ああしてほしい、こうすべきだ」と当然の権利のように主張する傾向があります。

一方で、財政的な課題を考えると、現実的には、サービスレベルが下がることも受け入れざるを得ない現実もあります。今後は、データ取得やデータ活用によって、最適なサービスを提供していくことも必要になるはずです。そして何よりも、眼前の事実に向き合い、地元の方々が中心となって、「自ら状況を変える！」という考え方を持つことも大切だと実感しています。

5 国の地域交通への想い

国土交通省・国土政策局総合計画課・課長
倉石 誠司

地域交通の課題をあえてひと言で表現するならば、「他人ごとになっていること」だと考えています。

これまでの地域交通の制度設計にも課題があると感じています。現状では、自治体、民間事業者、住民の方々にとって、地域交通の維持は「誰かがやってくれるだろう」という認識だということです。これは非常に残念なことですが、現状として受け止める必要があります。

わかりやすくするために、あえて極端な言い方をすれば、地域交通の関係者全員が「〝公共〟交通なのだから、バス停は誰かがつくってくれるもの」と考えていることが大きな課題だと思います。

これからの地域交通を含めた地域活性化のキーワードは「共創」です。

つまり、従来のように「常に行政主導で進めていくべきだ」という発想ではなく、行政と民間、そして地域住民がお互いに協力して新しい施策を創っていくことが大切だと考えています。例えば、市町村の置かれている状況によって、「行政7：民間3」や「行政3：民間7」などのように、行政が関与するウエイトを変えるべきだと思います。やはり、これまでの経験から、現場に合った施策でないと、地域になじむことは難しいと感じています。

特に、ヒト・モノという限られた資産を活かす「リソースシェア」という考え方が大切です。今ある地元のバス会社やタクシー会社の資源を活かす前提で、ファイナンス（金融・財政）とガバナンス（政策・統治）の両面でそれぞれの地域の交通が将来にわたって持続可能となるよう議論を進めることが肝要でしょう。

私個人としては、地域交通の「官民共創」「共創・共助」を進める上での、土壌づくりを推進していきたいと考えています。国としては、栄養価のある土壌を提供することに注力し、自治体や住民の方々が自分たちのアイデアで耕して好きな野菜や果物を育てていただくイメージです。もちろん、国は自治体や地域の課題に寄り添いますが、あくまでも主役はその地域に住んでいる皆さんだと考えています。

これは、令和初（令和5年7月）、8年ぶりに閣議決定された日本の国土づくりの10年先へのビジョンを描く新しい国土形成計画で提唱された「地域生活圏」の発想とも軌を一にしています。新たに制度化を進める「二地域居住・多拠点居住の促進」により、地方への人の流れを創出し、都市と地方の交流人口を拡大していくことにもつながります。

朝日町さんと博報堂さんが進めている「ノッカルあさひまち」は、地方部が直面している全国の課題のすべてのエッセンスを秘めていると、強く感じます。そして、地方創生の課題の中核には地域交通があるという認識も私と同じです。

そして、共創に加えて、デジタルを活用している点も、限られたリソースを最大限に活用・シェアする上では、必須です。この取り組みは全国のモデルケースになってほしいと、強く期待しているところです。こうしたプロジェクトをきっかけに、「地域交通は自分たちで変えていこう!」と思う自治体や住民の方々が、全国で現れることを願っています。私自身も、霞が関からそのような皆さんの応援ができるように、いままで以上に精進していきたいと思います。

●参考資料

朝日町財源：https://www.town.asahi.toyama.jp/material/files/group/2/R5yosan-an-gaiyou.pdf

第２章

地域の暮らしは、どこから
弱り始めるのか？

1　世界で流行する『MaaS《マース》』とは？

ここでは、地方創生において、重要な役割を果たす地域交通の再編や活性化のための「地域創生MaaS」について説明します。

「MaaS《マース》」とは、Mobility as a Service（モビリティ・アズ・ア・サービス）の略で、直訳すると「サービスとしての移動」という意味になります。よく取り上げられるのは、バス・タクシー・鉄道などの複数の交通手段をアプリなどで一つのサービスにまとめて、利用者の移動を変革させるツールのことです。現在、MaaSは次世代交通サービスとして世界中で注目されています。近年では、観光・医療・買い物など、移動目的と交通を連係し、一体化していく考え方が主流になっています。

例えば、MaaS先進国であるフィンランドでは、２０１６年に「Whim《ウィム》」というMaaSアプリによるサービスを開始しました。これにより、従来別々に予約する必要のあったバス・タクシー・鉄道などの複数の交通手段の予約から決済までを、一つのアプリ上で行うことが可能になったのです。ユーザーの利便性は劇的に向上し、移動だけに限らず、宿泊や買い物などの領域まで拡張したサービスもあります。さらに、現在では、定額乗り放題のサブスクリプションサービスも登場しています。

他国の事例では、東南アジアで流行している「Gojek《ゴジェック》」や「Grab《グラブ》」もMaaSの一種です。「Grab」は、タクシーなどの移動手段だけでなく、食品や日用品のデリバリー、宿泊施設などの予約から決済までがワンストップでできるサービスです。現地では、「スーパーアプリ」と呼ばれ、いまや生活に欠かせないインフラになっています。その核として、交通による移動が位置づけられており、人や街の営みにとって、いかに移動が重要かがわかります。

このように、海外ではMaaSが普及し始めており、日本でもフィンランドの「Whim」などを導入する動きもあります。ただ、考慮すべきことは、これらの海外MaaSは、あくまでも、サービス展開エリアの住民や生活に最適化されてつくられているということです。本書で主に説明している地域創生MaaSとは、同じMaaSという言葉を使っていても、根本的に異なるものだという認識を持ってもらえば誤解は少ないでしょう。

海外型MaaSの成功事例をいくつか紹介してきましたが、これらの多くが都市型MaaSといえます。都市交通は、ある程度狭いエリアに集中しているため、交通手段の選択肢が複数存在していますし、各交通のデジタル活用も進んでいます。また、国や地域によって社会情勢や住民の年齢構成も大きく変わります。

例えば、日本国民の平均年齢は50歳弱ですが、インドネシアの平均年齢は30歳程度ですから、国民のデジタルリテラシーも大きく異なります。そのまま日本で適用する場合、東京や大阪などの大都市圏では相性が良いですが、都市部ほど競合となる交通や周辺サービスの事業者が多く存在し、連係や統合には高いハードルも出てくるかもしれません。そして、残念ながら日本の地方部では、各交通の現状やユーザーも大きく異なりますから、そのまま海外のMaaSを適用してもうまくいく可能性は低いでしょう。

実際に、日本でも2010年代後半から、さまざまなエリアにおけるMaaSの実証実験が盛んに行われてきました。これら多様な日本版MaaS事例を分析すると、同じMaaSという名の取り組みでも、エリアの人口規模や地域に根付いた交通手段によって、多様な事例が生まれてきています。

例えば、政令指定都市を中心とする人口50万人以上の都市では、大手私鉄を中心としたマルチモーダルサービス（複数の交通を統合したサービス）がメインです。すでに、SuicaやPASMOなど、交通を統合し買い物などにも使える決済サービスにも拡張しており、今後は、

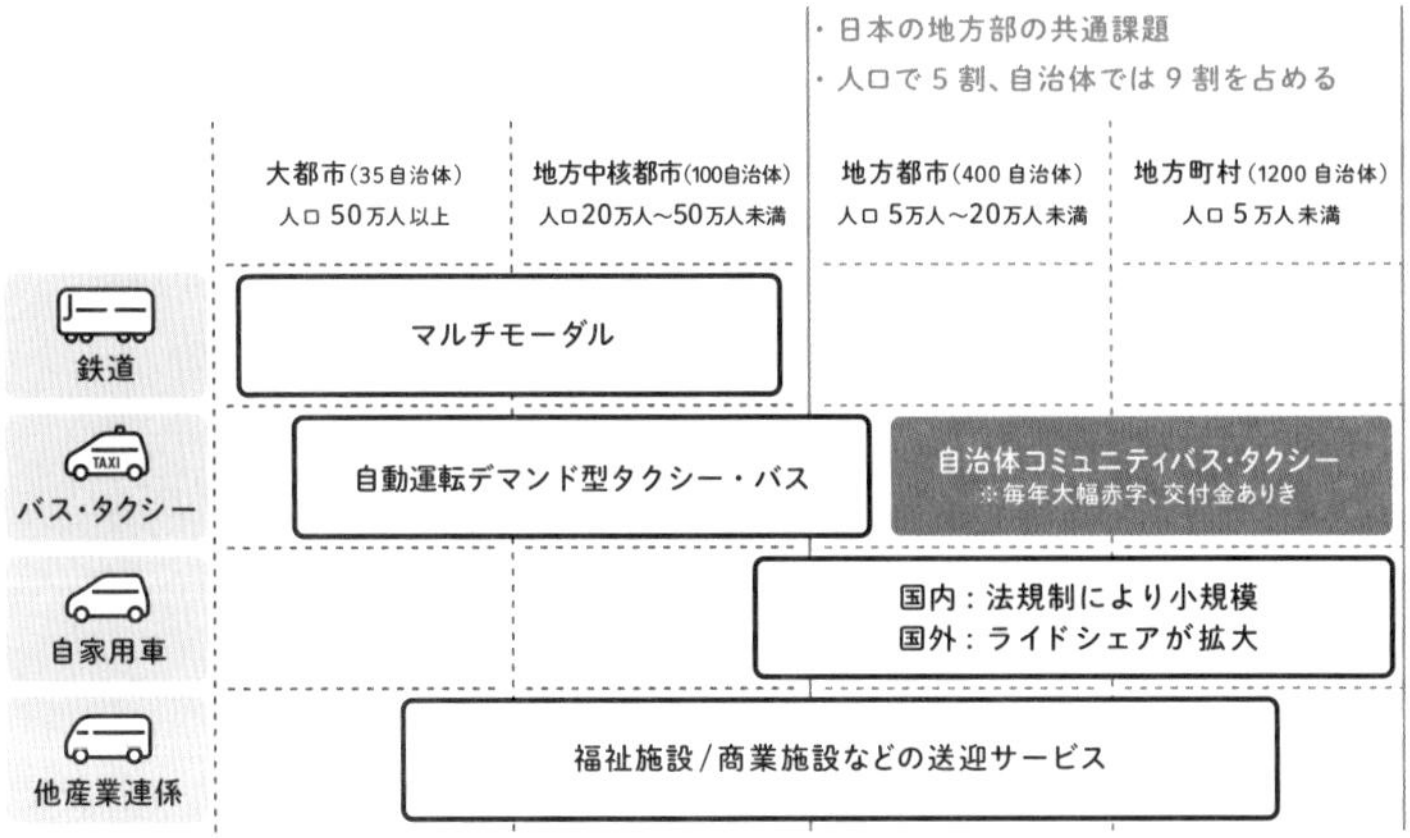

人口規模×交通で見る日本 MaaS

バスやタクシーとの連係も進むでしょう。

一方で、人口が5万人を切るような地方自治体では、統合するにも地域交通自体が不足し、衰退が進行する現状があります。MaaSの取り組みでも、民間ではなく、自治体が運行するコミュニティバスや、地元のタクシー、福祉や商業施設などが運行する送迎バスを活用した事例が多くみられます。

つまり、サービスを統合・デジタル化していく以前に、既存の交通をどう維持するかのほうが大きな問題です。

上記の図は、日本全国1740あまりの自治体（東京23区含む）を、人口規模で大まかに分類した際のMaaSの取り組みイメージですが、多様な交通があり、複数の交通サービスの統合に取り組めるようなマルチモーダルサービスが提供可能な自治体は、大都市を中心に各地方の中核都市まで（日本全体の自治体の10%以下）に限られます。日本全体の9割を超える自治体では、マルチモーダルではなく、地域交通を支えるバスやタクシーを核とした地方版MaaSが求められる可能性が高く、その主テーマは統合ではなく、地域交通の維持が目的となるでしょう。関係する自治体数で考えると、日本全国が対象になり、地方部全体で共通する社会課題だといえます。

2 地方版MaaSは「デジタル×アナログ」でこそ成立する

人口1万人あまりの富山県朝日町では、地域の生活者や交通特性に応じた「地方版MaaS」が生まれました。代表例は、日本初のマイカー公共交通として運営されている「ノッカルあさひまち」です。

朝日町の代表的な公共交通はバスやタクシーです。民間バスは2010年までに撤退しており、朝日町役場が朝日町の各集落と中心部をつなぐコミュニティバスを運行しています。タクシー会社は地元の黒東自動車商会の1社のみになりました。他に、小学校や中学校の登下校で使われるスクールバスも運行しています。

ここで、朝日町内の交通手段について整理してみます。

公共交通の要になっているコミュニティバスは3台。あるバスは、1日に300㎞以上を走行するなど、効率的に張り巡らされたダイヤを休みなく、町のさまざまなエリアを網羅しています。他に、タクシーは全部で9台ほど、スクールバスも10台ほど運行しています。では、マイカーの登録台数は？　なんと、商用車も含めると、人口1万人の朝日町で8000台を超えるマイカーが登録されているのです。軽自動車を中心に、まさに1人1台の自動車社会で、日本の地方部の移動が、いかにマイカーによって成り立っているかがわかります。実際に、バスやタクシーなど朝日町の公共交通の利用者は、多くが80代以上の高齢者か子どもたちです。多くの朝日町町民は、地域内の移動に公共交通は使わないのです。つまり、何がいえるのか？

朝日町の公共交通の利用者に、スマートフォン利用者は極めて少ないということなのです。

従来の海外型MaaSや、日本の都市型MaaSでは、スマホアプリはほぼ必須になっています。それればかりか、あらゆる公共サービスのDX（デジタルトランスフォーメーション）には、利用者側の条件として、スマホ保有が必須になることが大半です。

高齢者の皆さんはスマホを保有していないか、スマホアプリをダウンロードすることに抵抗があります。また、デジタル決済にも高いハードルがありますから、そのまま海外型／都市型MaaSを導入することは現実的ではありません。デジタル技術を駆使した最先端のサービスであればあるほど、高齢者の皆さんが利用しにくいサービスになっている可能性も高いのです。DXは、私たちの仕事や生活を豊かにしてくれるものですが、いくら最先端でテクノロジーが優れていても、利用者が不便なく使えるものでなければ意味がありません。各地域の生活者に馴染むサービス設計こそが、誰一人取り残されないＤＸ推進に非常に大切なのです。

ここで、私たちが取り組んでいる地域創生MaaSの一つである「ノッカルあさひまち」を紹介します。ノッカルとは、地域の移動課題を解決するために博報堂が開発した、「住民同士が支え合うMaaS」の名称です。ノッカルを開発する際には、地方にある1人1台レベルで所有されるマイカーをアセット（資産）と考えました。このマイカーアセットを活用し、お出かけの際にご近所さんを乗せてもよいと考える住民ドライバーの移動に、移動したい住民（ユーザー）が乗っかる（ノッカル）という仕組みです。仕組み自体は難しいものではなく、あくまでも昔から地域で行われていたご近所や家族の送迎の「乗っかっていく？　乗っかる？」という風習を、利便性や安全性を高め、公共サービスにしたものです。

このノッカルは、昔からの風習をサービス化したものですが、じつは、運行ダイヤやルートの設定、予約のオペレーション、ドライバーの管理など、ユーザーには見えないバックエンドではデジタルをフル活用しています。利用者データは新たなルート開発やダイヤ設計、交通計画の策定などにも活用しており、まさに、地域交通ＤＸの最たるものといえます。

一方で、ユーザー接点になるフロントエンドは、あえて無理なデジタル化はしないという方針を貫いています。その理由は、公共交通の利用者は圧倒的に高齢者が多いため、地域の生活や従来の地域交通の使い方に馴染まない新たな方法を持ち込まないようにしたいからです。あくまでメインユーザーである高齢者の皆さんでも使いやすい、誰一人取り残されないＤＸを意識して設計しています。実際に、ノッカル３０００回運行時の利用者平均年齢は、82歳ほどです。

例えば、ノッカルの停留所は、既存のバスの停留所を活用しています。そして、既存のコミュニティバスのバス券で利用でき、予約は既存のタクシーと同じように電話での受付も可能です。このように、利用者からは従来と全く変わらない交通サービスに見えるよう、地域に馴染む設計を心がけているのです。

つまり、裏では最先端のＤＸを活用しながらも、表は従来と全く変わらないアナログなのです。海外の都市型 MaaS では、ユーザー層も若いので、スマホアプリでも使いこなせます。しかし、高齢化した日本社会で必要な地方版 MaaS では、ユーザーの立場で考えると、現時点では過度なデジタル化は避け、「ユーザー接点はアナログで実装」が正解だと考えています。

3
交通の衰退は、地域衰退の一丁目一番地

昨今、地方の鉄道やバスは赤字が年々増加しており、地域交通の再編が叫ばれています。全国的にもローカル電鉄やバスの路線は減少し続けており、予約時だけ運行するデマンド型バスやタクシーも増えています。まさに今が見直すべきタイミングであることは間違いありません。

そもそも既存の交通網は、日本が右肩上がりで経済成長する時代に設計されたものです。現在の少子高齢化による人口減少社会には合わなくなってきています。また、都市部でも、同じエリアに複数の民間交通事業者が競合し、地域の交通全体で連携して解決するという視点が欠けやすい状況もあります。さらに、コロナ禍の影響で地域内の移動や観光移動も減少したため、地方の交通事業者はかつてないレベルで大きなダメージを受けており、エリアによっては、鉄道・タクシー・バスの撤退や減便が加速しています。民間交通事業者が撤退したエリアでは、各地方公共団体がコミュニティバスなどの自治体交通を運営することも一般的になって

おり、住民生活の核としての「移動」は、公共サービスとしてなんとか守られている状況になっています。

私たちは、このような〝地方〟を中心とした地域交通の現状を、MaaSレベル「マイナス」によって表現しています。海外型MaaSでは、MaaSレベルを+1～+4のように表現し各サービスの連係や統合を目指しています。一方で地方では、ベースとなる各交通そのものが危機的状況にあり、連係・統合する以前の問題として、交通そのものの見直しや交通全体の再編が必要なタイミングにきています。

地域衰退の一丁目一番地は交通だと考えています。移動が制限されることは、あらゆる人にとって、生活そのものの制限につながる可能性があるからです。

MaaSレベルマイナスの設定の目的は、交通から始まる地域衰退の変化を可視化し、社会全体の課題として解決を目指すものです。

MaaSレベルマイナスは、−1～−5で設定しています。次のような項目によって数値が設定されます。

●高齢者ドライバーの増加や免許返納

- 職業ドライバーの高齢化による地域交通の担い手不足
- 地域交通全体の利用者減と衰退
- 生活インフラが整わない限界集落の増加
- 消滅可能性エリアの増加

少子高齢化社会における交通課題は、生活そのものや住む場所にも大きく関係し、その地域の存在意義にまで大きな影響を与えるものです。

もう少し具体的な事例を考えてみましょう。

例えば、地域交通が衰退した地域では、マイカーを持たない高齢者の一人暮らし世帯は、生活すること自体が困難になり、徒歩での移動で生活できる町の中心部への引っ越しが増加します。子どもたちの教育・趣味・遊びなどでも制限が出てくる可能性があります。小学生は、学校の統廃合が進

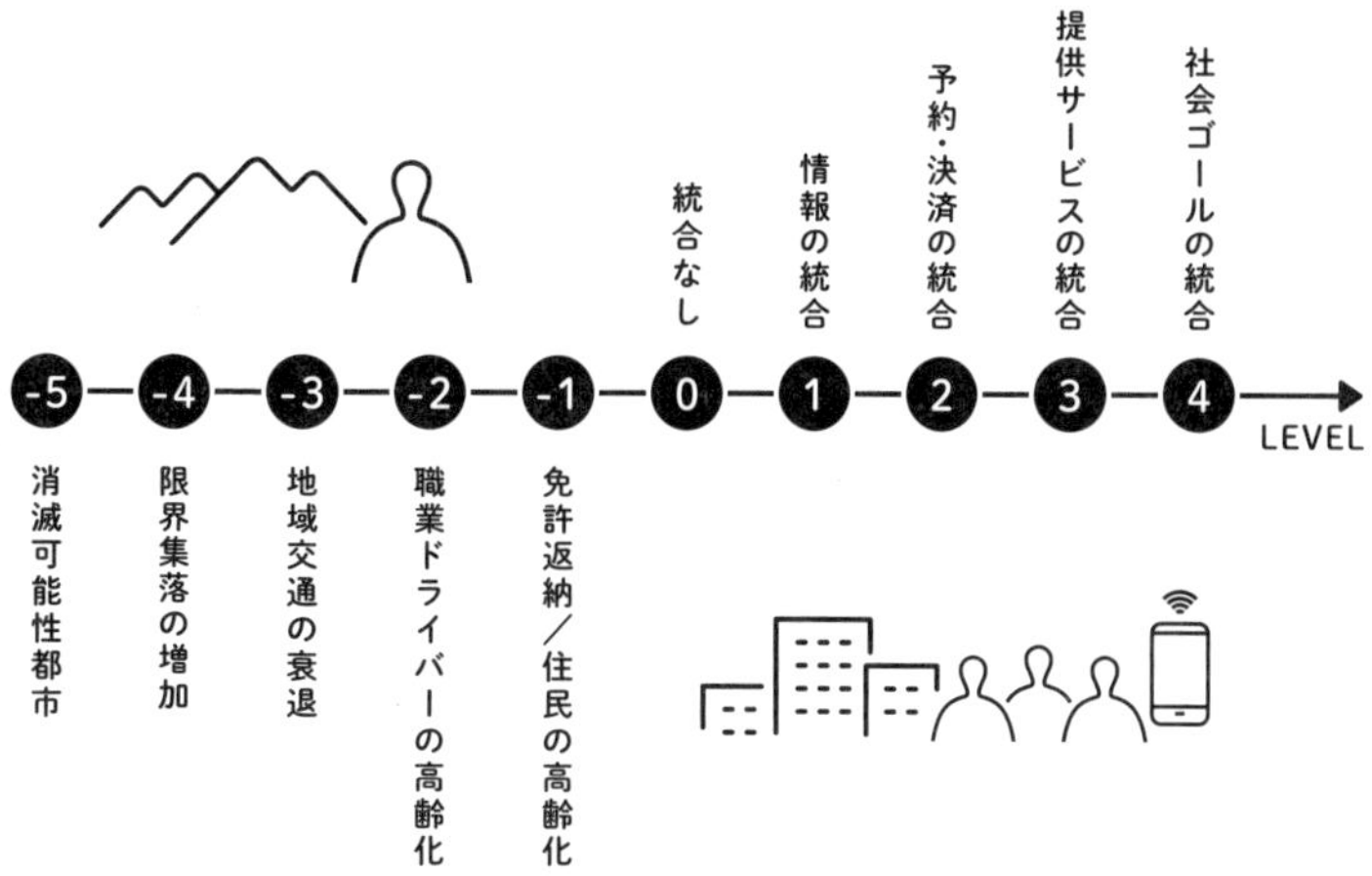

●MaaSレベル「マイナス」の可視化

み、通学距離と時間が大幅に増加します。やがて、スクールバスなしでは登下校ができない状態になりますし、習い事も親の送迎が必須になり、学習環境に格差が生まれる可能性が高まります。中高生も、通学できる学校、部活動や塾なども自転車で行動できる距離には限界があり、趣味や興味・職業選択など人生の選択肢も狭まるかもしれません。一般的に、田舎育ちの子どもたちのほうが豊かな自然環境で、自然の中で遊び回る印象があるものの、小学校の統廃合が進む地方ではスクールバスによる送迎が一般的で、登下校は自宅から学校までのドアtoドアになることが多く、じつは自然豊かな遊びを経験できない子どもたちも増えています。

そして、当然ながら交通弱者になりやすい高齢者は、マイカーの運転が難しくなった上、自身の子ども世代が都市部へと移住することが増えていますから、バスやタクシーなどの地域交通が移動の基本となります。地域交通の衰退は、ダイレクトに買い物や病院通いなどライフラインの危機に陥りますし、趣味や友達とのお出かけといった、人生の楽しみを謳歌できる時間もなくなってしまいます。ある糖尿病患者の方は、交通手段が充実していないので透析に通うことができず、病院への入院を余儀なくされた、というお話も聞きました。

このように、移動手段の制限はあらゆる世代の生活に直結する問題であり、エリア全体の衰退、移動手段の減少、人口流出など、負のスパイラルへ陥っていきます。まさに、交通は地域にとっての生活や活力の要ですから、交通事業者や自治体に任せるのではなく、各地域の住民の皆さん自ら、自分たちの地域交通課題と向き合い、最適化や再編を考えていく必要があると考えています。

4

交通を起点に地域活性を目指す「地域創生 MaaS」とは?

このような地域交通から生まれる地域課題に真正面から向き合い、MaaS レベル「マイナス」のネガティブスパイラルを断ち切ることを、私たちは目指しています。さらに、地域交通全体を再編していく中で、地域全体の移動需要を創造し、地域全体を活性化していくこと、そして、地域の皆さんの暮らしにポジティブなスパイラルを生み出すことを目標としており、これらの活動を「地域創生 MaaS」と定義しています。

マイカー公共交通「ノッカル」から始まった朝日町×博報堂の取り組みは、地域交通全体の最適化だけでなく、地域の子育て課題を解決し、ポジティブな学習環境変化を目指す「みんまなび」の社会実装の実現まで派生してきています。延べ400人以上の子どもたちが、学外での新たな学びコンテンツを体験しています。同時に、移動問題を抱える子どもたちには、「こどもノッカル」を提供するだけでなく、スクールバスの機能拡張も目指しています。

さらに、地域全体の移動を促進する「ポHUNT《ハント》」という活動も始めています。商業施設を中心に100を超える朝日町町内の施設が参加しており、施設への町民の移動を促進する情報配信やポイント付与を仕組み化しており、延べ3000人以上の朝日町町民が参加しています。この仕組みは、住民の皆さんが前向きに楽しみながら町のことに詳しくなっていくエンタメ要素がキモで、移動の目的を創出する効果も生まれています。

地方創生を考える際に、とても大切なことがあります。それは、住んでいる人たちにとって、「地域の暮らしやコミュニ

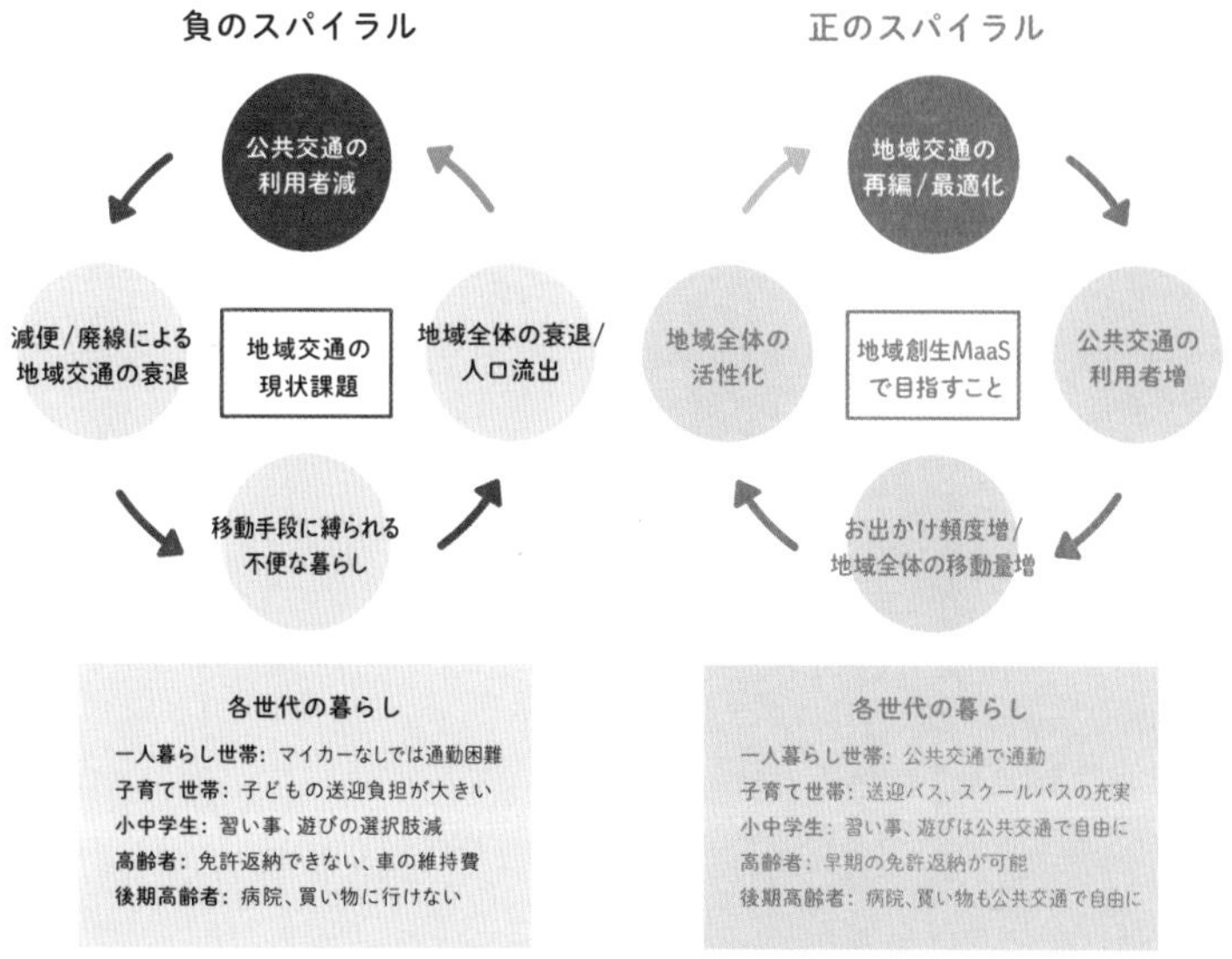
負のスパイラル
公共交通の利用者減
減便/廃線による地域交通の衰退
地域交通の現状課題
地域全体の衰退/人口流出
移動手段に縛られる不便な暮らし
各世代の暮らし
一人暮らし世帯: マイカーなしでは通勤困難
子育て世帯: 子どもの送迎負担が大きい
小中学生: 習い事、遊びの選択肢減
高齢者: 免許返納できない、車の維持費
後期高齢者: 病院、買い物に行けない
正のスパイラル
地域交通の再編/最適化
地域全体の活性化
地域創生MaaSで目指すこと
公共交通の利用者増
お出かけ頻度増/地域全体の移動量増
各世代の暮らし
一人暮らし世帯: 公共交通で通勤
子育て世帯: 送迎バス、スクールバスの充実
小中学生: 習い事、遊びは公共交通で自由に
高齢者: 早期の免許返納が可能
後期高齢者: 病院、買い物も公共交通で自由に

●地域創生 MaaS で目指していること

ティが、どのような状態になることが理想なのか？」を突きつめることです。

例えば、外部の事業者や個人が「都会と同じくらいの交通利便性があったほうがいい」「海外と同じようなスマホアプリによるMaaSを展開したほうがいい」と考えたとします。

しかし、実際は、地元の人たちは、東京や海外と同じレベルの利便性やテクノロジーを求めていない可能性もあります。

あくまでも、地域にある資産を最大活用した地域の活性化が重要なのです。いたずらに外部から新しいものを持ち込むのではなく、地域コミュニティを活性化していくサービスを開発するのです。じつはノッカルも、コミュニティモビリティというコンセプトを掲げており、ご近所の地域コミュニティによって支えられているサービスといえます。


地域の幸福を研究している京都大学こころの未来研究センターの内田由紀子教授は、幸福度を高めるには地域コミュニティの一体感が重要だという研究報告を発表されています。とても示唆に富んだ研究結果であり、朝日町でのサービス開発においても参考にさせていただきました。その一部をご紹介します。

内田教授は、「地域の幸福」は「地域内の社会関係資本」に影響を受けると結論づけています。ここでいう地域内の社会関係資本とは、地域に住む人たちのお互いの信頼関係や人と人のつながりのことです。すなわち、同じコミュニティ内のつながりが幸福感に大きく関係しているということです。

そして、興味深いのは、外部の人たちを受け入れる「異質・多様性への寛容さ」が高い地域だと幸福度が高くなるという結果です。例えば、地域のお祭りのお神輿《みこし》に観光客でも参加できるようにしたり、地域おこし協力隊を受け入れている地域は、地域内のお互いさまという意識が高くなり、社会的な行動に向かいやすいのです。

最終的には、世代間の継承が行われる「**多世代共創**」につながります。つまり、地域の文化や人が伝承されるため、その地域が世代を超えて存続していくのです。

「ノッカル」は、地域のマイカー保有者が地域の高齢者の皆さんを「ついでに乗せていく」サービスです。

「みんまなび」は、地域の伝統・文化・遊びを、地域の方々が子どもたちに「教える中で継承していく」というサービスです。

どちらも昔から地域にあったものの、昨今の社会情勢でスムーズにできなくなっていたものを、デジタルの力も活用することで、仕組み化したものです。

地方ならではの地域コミュニティをいかに持続し、活性化していくのかということは、このようなサービスを開発していく上で、最も重要となります。

単なるサービスの構造に入り込む要素ではなく、各地域の活性化や幸福度の上昇につながっていく可能性を追求していくべきなのです。

5 誰もが〝地域の役に立ちたい〟と思っている

地方創生で多くの地元の人たちとの関わってきた過程で思うことがあります。それは、口には出さないけれど、「誰かの役に立ちたい」と多くの人が思っているということです。地域全体のために貢献したいという方や、目の前で困っている近所の人を助けたいという方もいます。都市部ではコミュニティが大きいため、地域のために役に立ちたいという意識は地方より希薄になりがちです。

例えば、朝日町のマイカー公共交通「ノッカル」では、ノッカルドライバーには、お金だけが目的で志願する人は一人もいません。地域の、誰かの役に立ちたいというボランティア精神からドライバーを始める場合がほとんどです。もともと、移動が大変そうな近所のおばあちゃんを助けたいと思っていたが、直接の知り合いでなければ、自分から声をかけるのは迷惑かもしれない。でも、ノッカルのドライバーという立場であれば、無理なく地域貢献ができる。他にも、移住や定年退職をきっかけにドライバーをスタートする方もいます。地域や社会とのつ

地域コミュニティ内の"想い"を可視化

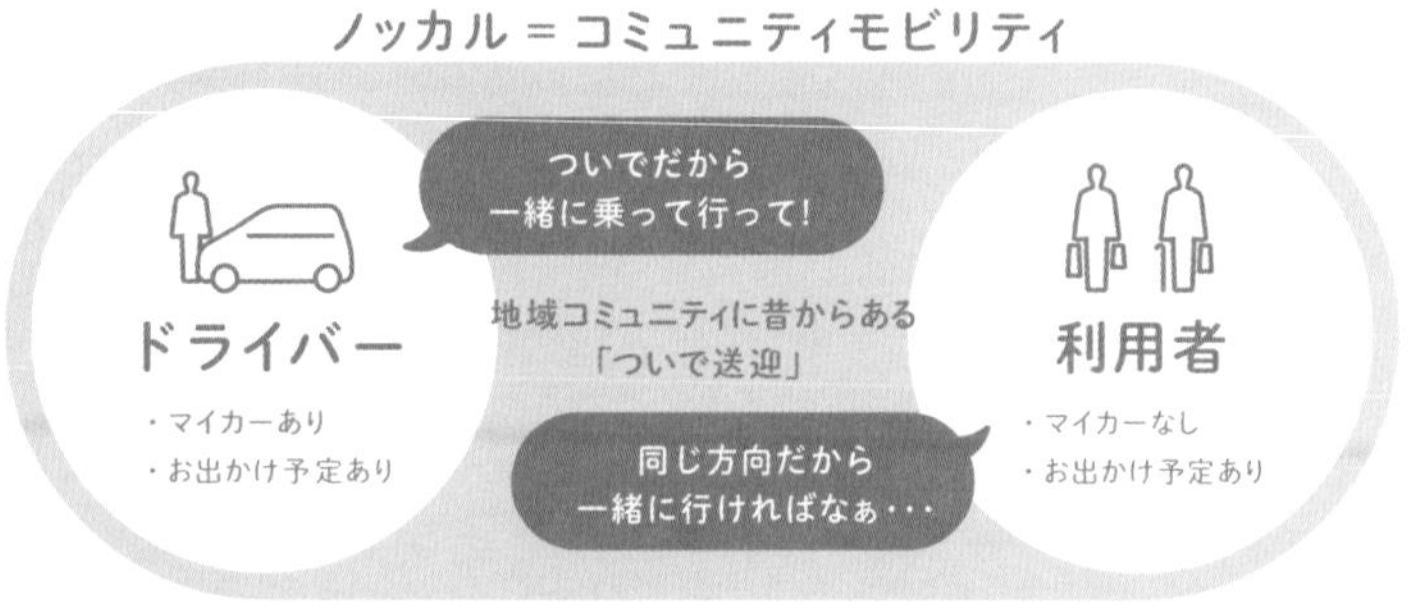
ノッカル＝コミュニティモビリティ
ついでだから
一緒に乗って行って！
ドライバー
・マイカーあり
・お出かけ予定あり
地域コミュニティに昔からある
「ついで送迎」
利用者
・マイカーなし
・お出かけ予定あり
同じ方向だから
一緒に行ければなぁ・・・

従来盛んだった「ご近所の助け合い」をデジタルで後押し

●コミュニティモビリティ

ながりを求めて、地域に馴染む手段としてノッカルドライバーを務められるのです。

自分より上の世代の人たちに受けた恩を若い世代に恩送りしたいと考えてドライバーに立候補された方もいます。ユーザーの高齢者の皆さんからの「ありがとう、またお願いね」は、ドライバーさんたちにとっても、やりがいや幸福感につながっているようです。つまり、ノッカルの場合、ユーザーからの感謝はもちろんですが、ドライバーにとっての効用も少なからず存在し、まさにお互いさまの上に成り立っている公共交通だといえます。

このような「地域の役に立ちたい」という、もともと人や地域に根付いていた皆さんの〝想い〟をデジタルの力で可視化したものがノッカルです。外部から最新のハードやテクノロジーを持ち込んだのではなく、地域に存在する〝想い〟を最大活用した設計こそ、朝日町における地域交通ＤＸが成功できた要因だと分析しています。

ところで、このような「地域内の想い」は、内部からは評価しにくいのではないか？　という現実も感じています。朝日町でも、「地域全体で一緒にやりましょう！」と内部から声を上げることは難しかったのではないか？　とよく言われます。

たしかに、地域のアセットを活用した地域交通の仕組みづくりは、第三者からの客観的な視点や、外部からの積極的な関わり合いがあって初めて成り立つものかもしれません。じつはこの視点は、あらゆるＤＸ推進においても重要な視点になってくると考えています。

6 コミュニティ活用によって生まれる効果

「なぜ、地域コミュニティにこだわるのか?」

「なぜ地域アセットを活かしたサービスを開発するのか?」

これには、明確な答えがあります。

それは、公共交通にかかるコスト問題をクリアするためです。現在、自治体が税金などで運営する自治体コミュニティバスは、1700超の自治体数に対して1400超の自治体やエリアで運行されています。多くは、民間事業者が採算性がとれずに撤退し、自治体が生活インフラを守るために運営しているパターンです。住民や利用者の減少により民間バスが維持できなくなると、民間バスは自治体コミュニティバスに置き換えられます。さらに、コミュニティバスの赤字がかさむと定時定路線運行がなくなり、予約時だけ運行する乗り合い交通(デマンド交通)に置き換わるなど、サービスレベルが低下していく傾向にあります。これらの地域交通は概して収支率が悪く、各自治体の地域交通の維持は、国や都道府県からの補助金等によって何とか維持されていることが大半です。

ノッカル以前の2010年代の朝日町では、人口減少が続く中でも、逆にバスの便を増やしました。通常は、利用者が減るとバスの便数を減らすのですが、バスの便数やダイヤを増やし、町民に利用を呼びかけることで、継続的な利用者増を生み出していきました。ノッカルをスタートした際にも、このような考え方を参考にし、負のスパイラルではなく、正のスパイラルの起点となる取り組みを目指しました。あくまでも、交通全体の活性化や地域の活性化が目的です。ノッカルの運行が増えることによって、バスやタクシーの運行本数が減っていくことは当然ながら本意ではありません。実際に、ノッカル運行は既存のバスが運行していない時間帯を補完する形で設定し、ノッカルの予約システムでは、タクシーやバスの利用も同時に促進しており、行きはノッカル・帰りはタクシーのような使い方も増えています。

ここ最近、予約時のみ運行のデマンド交通が増えています。一見すると効率的に感じますが、運用方法によってはバス以上にコストがかかるケースもあります。当然、既存のバスではなく、専用の車両を用意することが多いため、ハード投資が必要になります。また、人件費という側面で見た際にも、リアルタイムで予約を受け付ける場合には、予約時だけの運行であっても、運行ドライバーが常に待機していることが必要で、結局フルタイムでの人件費が必要になることも多いようです。また、運行ルートによっては、行き帰りの走行が必要になり、非効率な運行形態になることもあるのです。

それに対して、ノッカルは、地域交通最大の課題である、コストを削減するソリューションを目指しています。

すでに地域に豊富にある「マイカー」と、その「マイカードライバー」を活用する仕組みですので、人件費や車両費は大幅に削減できます。あくまでも、ドライバーが出かける予定を登録してもらい、ユーザーがいれば同乗していくというモデルですから、「ついで送迎」という形になり、ドライバーにも地域のためのボランティア精神をもってご協力いただいています。また、集落ごとに、ドライバーが、ご近所のユーザーを乗せていくという「コミュニティ交通／自治会交通」としてサービス化していますので、無駄な遠回りなども発生しにくい運行方法です。

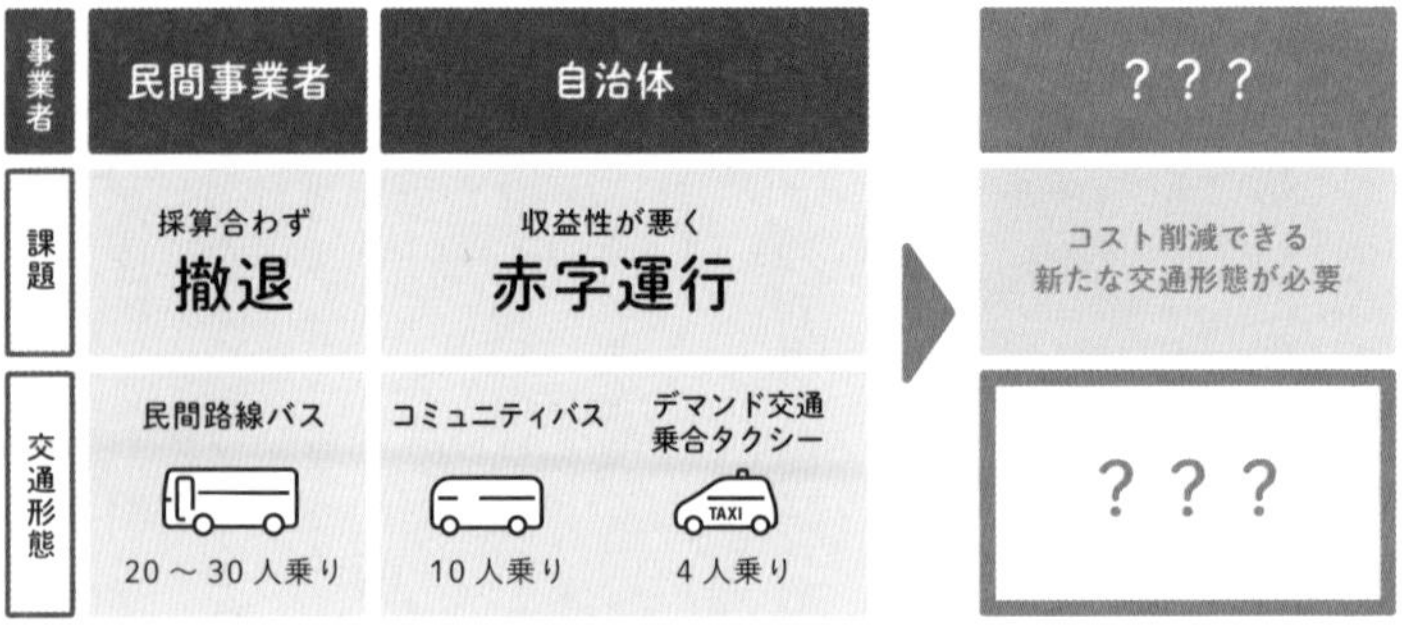

●新公共交通の要件はコスト削減

コミュニティバスは、公共で運行する地域のライフラインであり、低価格運行が多いことから、収支率が10～20％ほどしかないのが一般的です。朝日町でのノッカルは、1日10便運行することで黒字化する設計にしています。

コスト比較では、圧倒的に安価で導入・増加できる仕組みであることから、他の公共交通との併用で、今後さらに地域全体の交通最適化や活性化に寄与していく計画です。

7

地方の交通は「相互補完できる再編」を目指すべき

多くの地域交通や日本版MaaS開発の問題点は、人口が減少する前提で、その地域のアセットをどう使い切るか、再編集するかという視点が欠けていることです。地域公共交通計画を考える際にも、バスはバス、鉄道は鉄道のように、それぞれ単一のダイヤや路線変更だけを議論する場合が多くあります。それぞれの運行事業者が異なることも多く、地域交通全体の最適化は考慮しにくい構造が一般的です。少し引いた見方をすると、地方部では、鉄道やバスの移動分担率（すべての移動における鉄道やバスでの移動割合）は、2～3％にしかなりません。特に、地方部は自動車社会ですから、鉄道やバスだけの最適化を考えても、規模が小さくなっていくだけの変更にしかならない可能性が高いのです。それよりも、移動全体を最適化して、どうやって再編するかのほうが重要です。

ノッカル導入にあたっては、バスや鉄道による移動だけではなく、タクシーやマイカー数百台分の移動データも検証し、よく利用されるルートや移動パターンを定量的に測定しました。実際に集まったデータを見ると、既存のバス路線の中で明らかにニーズの少ないルートも浮かび上がってきますし、予想以上に移動パターンは少なく、同じ時間帯に同じ方向に移動し、同様の時間帯やルートで戻ってくるなどの移動形態も見えてきます。実際に、朝日町のマイカードライバーの走行データを分析して、衝撃的な結果も得られたのです。

これは、マイカーでの「移動ニーズ」に対して、コミュニティバスが満たせている「移動ニーズ」は、わずか22％に過ぎなかったというデータです。マイカー移動が、住民の移動ニーズを最も的確に

地域交通全体の再編

●地域交通の再編と相互補完

捉えているとすると、バス移動は、利便性を欠く移動手段になってしまっている可能性もあります。従来マイカーを使って移動している多くの生活者の実態を理解すること、そして、マイカーと同レベルのニーズを満たせる、多様な移動手段を補完し合える交通再編の構想を考えていくためには、俯瞰的思考（メタ思考）が必要です。

もちろん、ノッカルは効率化だけを追求しているわけではありません。

なぜなら、どれだけ効率的に運用したとしても、マイカーの移動には敵わないからです。どう考えても移動の最短距離はドア to ドアのマイカーになるでしょう。

一方で、データ分析を行った上での一番の発見は、地方であればあるほど、移動ルートや移動時間が画一的でシンプルだというものでした。朝には、周辺の集落から中心部へ移動する、夕方には逆の移動が起こる。ほとんどがこれです。そして、ルートも複雑なものではありません。集落から中心部への道自体が、多くの場合で一本道。複雑な交通システムは必要ありません。データを基に、公共交通としてどのような交通手段を設計すべきなのか？　客観的に議論することも大切です。

気づいたことがもう一つあります。

ノッカルには効率の良さと同時に、コミュニティ運行ならではの柔軟性や快適性も備えており、それが魅力にもなっています。さらに、自治体が運営しているため、利用する上で安心感があることです。あくまでも、地域コミュニティで運行するサービスですから、普通の公共交通とは大きく異なります。コミュニティモビリティの名の通り、ノッカルドライバーは、プロドライバーではなく、一般のご近所同士ですから、少しであれば乗客のニーズに応えて寄り道をしたり、会話を楽しんだりしています。ドライバーも1分、1秒と時間を争っている人は少なく、一緒になって地域での交流を楽しまれていますから、初対面でも、ローカルトークや共通の話題で盛り上がることも多いのです。ノッカルのことを「コミュニティモビリティ」という理由がここにあります。

バスやタクシーと補完しながら運行しているノッカルですが、じつはこれらの既存交通とは大きく異なる体験をつくり出しているのです。実際に、ノッカル運行後にバスやタクシーの利用者数は減っておらず、バスは、その利用者を増加させています。

このように、データを活用しながら、既存のサービスとは異なる新たな体験を生み出すことで、新たな需要を創造していく。交通全体の再編とともに、相互補完できるような体験が派生的に起こっているのです。ノッカルでは、デジタル活用することで利便性や安全性を高め、昔からあるご近所同士の助け合いの精神的な利用ハードルを、いかにして低くするかに焦点を当てました。

だからこそ、ＰｏＣ（コンセプト実証）で終わりがちなMaaSの取り組みにおいて、地元の皆さんの多大なる貢献で社会実装にまで至り、利用者の皆さんにも違和感なく利用いただけているのだと感じています。

8 現場からのメッセージ

朝日町・町長
笹原　靖直

全国の市町村の〝課題先進エリア〟であり、「すべての要素がある」のが富山県朝日町です。

海抜0メートルから標高3000メートル級の北アルプスの山々に囲まれている自然豊かな町です。そして、山林だけでなく、ヒスイ海岸や黒部川の水資源にも恵まれた「海山川の三拍子そろったエリア」といえます。

このような朝日町の課題は、何といっても県内一の高齢化率です。2020年の総人口に占める65歳以上の割合は、44・60％です。約2人に1人が65歳以上だと想像すれば、おおよそイメージがつかめるでしょう。いわば、〝過疎地域の日本代表〟といっても過言ではありません。

先ほども「課題先進エリア」とお伝えしましたが、私はこの現状を前向きに捉えています。

一見すると、「課題が山積みで大変そうですね」と感じる方も多いと思います。しかし、逆に考えれば、多くの市町村が抱えるあらゆる課題の〝全国のモデルケースとなれる可能性がある〟ということです。つまり、朝日町で課題を解決できたら、その知見や方法を日本中や世界中にも横断的に展開できるのです。

私は、町議を経て町長になる前は、民間企業で30年以上働いていました。その経験から、行政にも民間企業と同じように戦略と戦術が大切であり、特にポイントを絞った施策を実行に移す必要があると感じています。私の実績の一つは、町長就任後に病院改革を行い、町の運営する病院で内科医5名の体制を構築したことです。喫緊の課題であった看護師減少は、京都看護大学との連携協定や処遇改善により増加に転じました。また、ベッド数を45％削減し、ソフトの充実改革を行うことで、医療体制も整い、新型コロナウイルスが感染拡大した際にも、全国でも一番早い段階でワクチン接種を進めることができました。

さて、朝日町と私の紹介はこのぐらいにして、博報堂の皆さんとの関わりについてお伝えしたいと思います。博報堂の皆さんが初めて朝日町に来てくれたとき、私は「ついに来てくれた！」と素直に喜びました。そして、「朝日町にどんなプラスなことがあるだろうか？」とワクワクしていた当時を思い出します。ただ、もちろん、朝日町は国民や町民の皆さんの税金で運営しているため、外部の一事業者である博報堂をシビアに見ていたメンバーがいたのも事実です。

その後、「ノッカルあさひまち」を中心に、さまざまなプロジェクトを一緒に実行していきました。私にとっては、「さすが！　博報堂」と思うことの連続でした。生活者目線の業務で培ってこられたマーケティング視点は、役場職員にとっても大切であり、私も大いに参考にさせていただきました。

彼らが町民の声をヒアリングし、デジタルを活用しながら具体的な施策を提案してくれたことで、町にもともとあった「お互いさまの文化」が復活するというプラスの効果がありました。そして、一番感謝したい点は、町の潜在的な課題やニーズが見える化されたことです。

今後も、彼らと一緒に、私の公約にも掲げている「新しい行政スタイルを発信するまち」として、町民の皆さんのために身を粉にして取り組んでいきたいと考えています。行政と民間が連携し、住民意識を高めながらも、持続可能な市町村として、全国のモデルケースを目指していきます。

最後に、誠に僭越ながら、過疎化の進んでいる市町村行政の方にメッセージを伝えさせていただきます。地方公共団体という組織の特性上、当然リスクを嫌う傾向があることは否めないと思います。

しかし、本当の意味での住民サービスを提供するためには、ある程度のリスクを取ることが、ときには重要だと考えています。住民の方々のニーズを踏まえた上で、行政が「覚悟を持つ」ことがとても大切です。総人口1万人の朝日町でできたのですから、全国の市町村で同じことができないはずはないと思います。もし、朝日町の取り組みを参考にされたい方は、自然豊かな朝日町にお越しくださいね。

第３章

マイカー公共交通「ノッカル」は、何を変えたのか？

1　マイカー公共交通「ノッカル」とは

ここでは、地域創生MaaSの実例である富山県朝日町のマイカー公共交通「ノッカルあさひまち」についてさらに詳しく説明します。

ノッカルは、地域のボランティアドライバーやマイカーを活用した「マイカー公共交通」で、博報堂ＤＹグループがサービスやシステムを開発・提供しているものです。いわゆる「白タク」といわれるような違法運行ではなく、国土交通省が２０２０年に定めた「事業者協力型自家用有償旅客運送」という地域公共交通の新制度に則ったもので、「ノッカルあさひまち」が日本初の社会実装第1号モデルになります。２０２３年現在では、事業者協力型ライドシェアともいわれ、国内複数エリアでの社会実装が始まるなど、今後、日本全国に拡大していく予定です。

最大の特徴は、一般のドライバーがマイカーを使って「ついで送迎」するという仕組みで、昔からある地域内での助け合いの一形態としての「ご近所さんを車で乗せていく行為」を公共

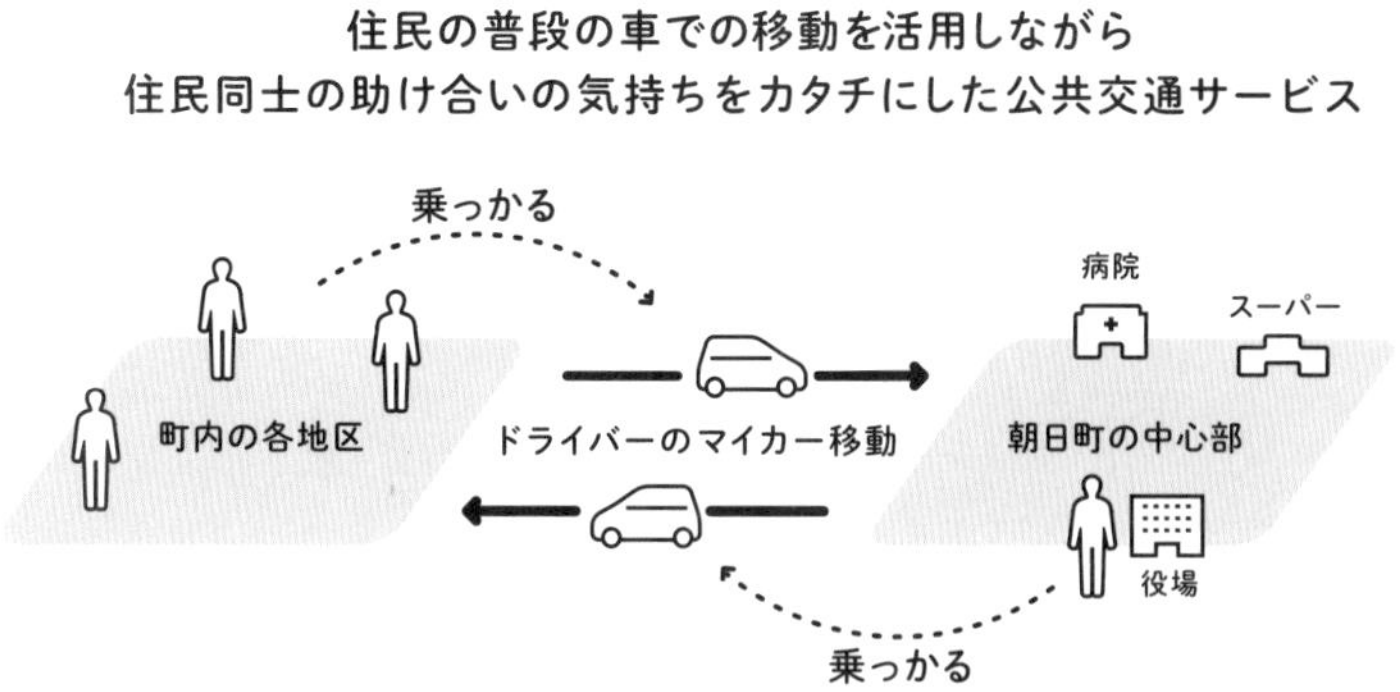

●マイカー公共交通「ノッカル」の基本

交通化したものです。一般の公共交通は、プロドライバーとプロの交通事業者が運行しています。

一方で、ノッカルあさひまちは、朝日町役場がサービス提供者となる自治体交通ですが、地元タクシー事業者が運行管理者を、一般ドライバーが実運行を担当します。交通のプロではない一般ドライバーの方々は、国交省が定めるドライバー講習を受講する必要がありますが、自家用有償用の保険制度も設けるなど、公共交通としての安全面は担保しています。また、一般ドライバーでも確実に運行できるように、ドライバー専用アプリを開発し、運行前後での安全性チェックはもちろん、運行忘れを防ぐ情報発信やリマインド機能なども搭載するなど、ノッカル専用のシステムを導入しています。

これらのサービスやシステムの設計は、机上で構想したものではありません。現場での実証を繰り返しながらサービス化したものです。地域公共交通会議などでの議論を経た上で、令和2年8月からの無償実証実験、令和3年からの有償実証実験を行う中で、並行してサービスの見直しや、オリジナルシステムを開発しました。そして、令和3年10月以降は、正式な朝日町の公共サービスとして社会実装され、これまでに延べ3300回以上を運行し（令和5年12月現在）、朝日町内でのノッカルの認知度は85％と非常に高いものになっています。

2 地域交通のコスト課題

このようにノッカルは、日本の地方部であればどこにでもある「マイカー」を公共交通アセットとして活用したモデルですが、マイカーにこだわる理由は明確です。ノッカルは、コミュニティバスやデマンド交通の代替や補完手段として、赤字を大幅に減らせる可能性があるのです。一般的なコミュニティバスとマイカー交通「ノッカル」の収支の比較をしながら、説明します。次頁の収支の比較図イメージを見てください。

あくまでもイメージになりますが、コミュニティバスでは、支出１００％の内訳を考えると、一番大きな支出はドライバーやオペレーターの人件費です。さらに、車両費と燃料費を合わせて15％、運行システム費10％、その他10％程度の費用がかかっています。それに対して、バスの運賃収入は10％しかありません（仮に収入比率10％のコミュニティバスを想定）。事業としては、90％という大きな赤字が出ています。この赤字を国や都道府県の補助金や自治体財源で補填しているのが現状です。これでは地方自治体の財政が苦しくなるのは当然です。

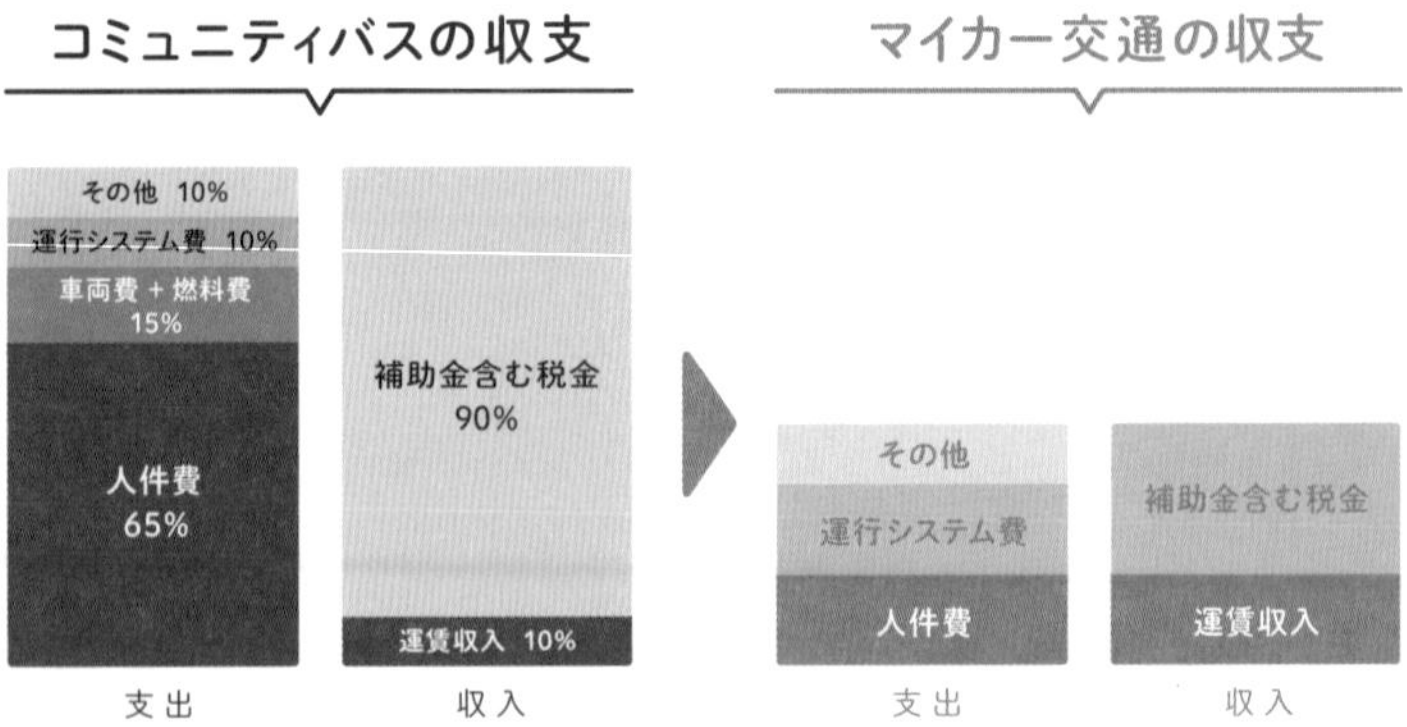

●バスとマイカー交通の収支比較

一方、ノッカルの収支を見ると、ドライバーは地域に住む一般の方ですから、人件費は手間賃程度まで大幅に抑えられます。あくまでも「ついで送迎」をベースにしたサービスですから、ドライバーはノッカルの予約の有無に関わらず、そもそも移動予定があります。つまり、ノッカル運行のために移動しているわけではなく、空いている助手席や後部座席をボランティア的に提供していることになります。当然、職業ドライバーではなく、そもそも予定のあった移動・運行ですから、ついでの手間賃で運行が成り立っています。

同様に、車両費はマイカーを活用しているため、手間賃に含まれる形で0円になります。

一方、バスでは必要ない「ドライバーアプリ」「運行管理システム」「予約システム」などを導入する必要がありますので、運行システム費はバスよりもかかります。

　また、運行管理や予約オペレーションは、地元のタクシー事業者が担っており、こちらも管理システムを用意していますので、タクシーの「ついで」という形で大幅に減らせる領域です。この数字は、今後のノッカルの利用状況によって変動しますが、そもそも既存のアセットを活用する支出自体が少ない仕組みなので、コミュニティバスと比較しても、収支が大きく改善しています。その結果、補助金や税金で補填する金額を大きく減らすことができるのです。

　今後さらにノッカルの利用者を増やして、黒字化を目指しています。計算上では、1日10便以上で黒字にできるため、十分実現可能です。私たちは、ノッカルを地域交通のコスト削減ソリューションとして提案しています。基本的には、バスやタクシーを補完する形で、ダイヤが少ない時間帯やバス・タクシー運行のないエリアにノッカルを導入するという発想です。朝日町では、バスとノッカルの運営自体も同じ交通事業者が行っているため、競合になり得ず、双方で利用者を増やしていく相乗効果が狙えます。地域の皆さん全員で前向きに参加しながらコストを削減し、黒字を実現していこうと考えています。

3 ノッカルあさひまちの本質

「ノッカルあさひまち」のサービス設計のヒントは何だったのか？

プロジェクトの発端は、日本の地方部が1人1台といったレベルでマイカーを所有している自動車社会であること。この事実こそが地方の資産だと捉えたことでした。さらに移動の多くは、朝に通勤通学、午前中に通院、午後にお買い物、夕方～夜に帰宅など、ある程度決まったパターンがあること。渋谷のスクランブル交差点が四方八方に向かう人たちが集う場所だとすると、地方での移動は、時間帯を区切ると、ほぼ一方向で同様のルートで同様の場所に向かうことが非常に多いです。この点も、新たな「移動」をつくる上での資産として捉えています。ノッカルは、これらのアセットをどうやって活用するか？　この問いかけからスタートしました。都市部に資産が集中していると考えがちですが、じつは地方にも活かし方次第で有用なアセットになるものがあると気づいたのです。

地域のアセットとハード（建物や設備など）を徹底活用することは、コストを限りなく抑えることにつながると考えています。過分な技術・車両・オペレーションなどを、私たちが外部から持ち込んでしまうと、余分なコストがかさみ、導入だけでなく運用にまでコスト負担がかかってしまいます。あくまでも、地域のハードを徹底活用することを大前提に、そのハードを活かし切るためのサービスやソフトの設計に全力を注ぐことで、地域の皆さんが自ら持続可能なサービス構築が可能なのではないかと考えました。

実際に、ノッカルあさひまちを支える地域のマイカーやドライバーも、バスの停留所やダイヤも、タクシー会社のオペレーターも、支払いに使われるバス券も、集落から中心地までの移動経路も、すべてもともと朝日町に存在し、外部から持ち込んだものは何もありません。私たちは、これらの資産を地域の皆さんが享受しやすい形に編集し、デジタルの力を活用して、サービス化しただけなのです。

このような（地元ハード）×（外部ソフト）の考え方は、ノッカルを活用する地元の皆さんから見ても非常に有効です。なぜなら、新しい要素はほとんどなく、普段使い慣れたやり方と既存のアセットで違和感なく利用できる設計になっているからです。

ここ10年あまりで、ＤＸという言葉が一般化していますが、テクノロジーばかりが先行して誰にも使われないサービスでは意味がありません。また、デジタル化を推進するだけではテクノロジー企業のエゴになってしまいがちです。あくまでもDXは課題解決を伴ってこそ意味があるものです。よくありがちな落とし穴は、DXが目的化してしまうことです。特に、私たちが扱っているような社会インフラでは、DXはあくまでも社会課題を解決する手段に過ぎません。

　何よりも重要なのは、地元で生活している住民の皆さんや、すでにサービスを提供している事業者様へのリスペクトだと考えています。その中で、ご迷惑をかけない形で、課題を解決するにはどうしたらいいのか。私たちにできることは何なのか？　朝日町役場の皆さんはもちろ

ノッカルのサービス設計思想

ん、タクシー事業者の皆さんや、商業施設の皆さんへ、ノッカルの新たな仲間として、公共交通のプランニングをさせていただいたつもりです。

ＤＸを目的化したせいで、過剰なテクノロジーを用いたハイスペックで不必要な機能まで実装してしまうという失敗を、たくさん目の当たりにしてきました。その結果、地域やユーザーの皆さんに大きなコスト負担をかけたり、既存の事業者様にとっても敵のような存在になる可能性もあります。また、導入後でも、使いにくい不便なサービスが高コストで運用されてしまうという悲しい現実も生まれています。

ベースにある大切な考え方は、交通においても、必要なタイミングに必要な分量だけあればよいというものです。加えて、もともとあった地域の文化や伝統を大きく壊すようなものであってはなりません。地域に馴染むサービスであるべきだという点にはこだわりました。

例えば、ノッカルの停留所は既存の路線バスの停留所を使用しています。極力、従来通りのサービスの延長に見えるように、新しい停留所はあえてつくらないのです。

ノッカルは、自家用車で近所の人たちが乗り合いで移動するサービスです。ノッカルシステムのバックエンドはフルデジタル化しているものの、地域に昔からあった近所の助け合い文化そのものといえるのです。

私たちは、地域にある既存アセットを組み合わせるソフトやサービスを提供することに集中しています。朝日町においては、地域交通を地域コミュニティ発想で再構築し、過分なコストをかけない公共交通を実現しました。そして、さらにサービスを進化させて、日本全国で活用できる「共助共創型サービスの公式」をつくるという大志を抱いています。

4

日本初のマイカー公共交通として成功した理由

朝日町でノッカルが成功した理由は、大きく分けて5つあると分析しています。一つずつ順に説明します。

理由1　課題解決を目的にしたプロジェクトであること

最も大事なのは、地域の住民の方に協力いただけたことです。プロジェクト開始当初は、東京の広告会社の博報堂が、地方の町に何のために来ているのかという視線は当然のようにありました。「国交省から頼まれているのか？」「実験だけしてすぐ帰るのだろう！」と指摘されたり、ある自治会の方からは「町の財政が赤字なのに、何故さらにお金がかかることをやるんだ？」と問われたこともあります。交通事業者でもなく、行政改革のプロでもない博報堂が、何のために来たのか？　当然の意見です。

私たちが朝日町に関わる際に、肝に銘じたのが、生活者発想の徹底です。自分たちの利益のために考えるのではなく、朝日町の住民の皆さんのためになるプランニングを最優先することを意識しました。

博報堂の考え方もしっかりと伝え、数十回は東京から通って一緒に議論し、朝日町の課題や解決策、未来を語る中で、少しづつ理解していただけたというのが事実です。ちなみに私たちは、現在も毎週のように朝日町に通っています。

理由2 デジタルを活用した地域交通DXであること

ノッカルは、昔からどこの地域にもある、ご近所さんのついで送迎を公共交通化したもので、特別新しいサービスではありません。特に、ご近所付き合いをベースに

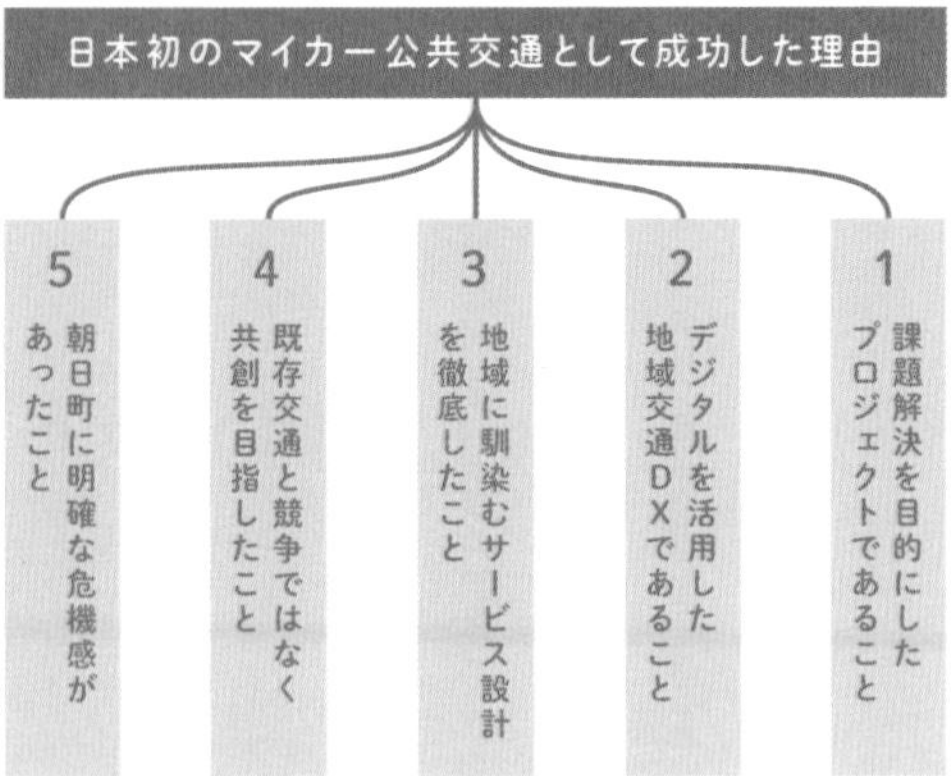

日本初のマイカー公共交通として成功した理由
1 課題解決を目的にしたプロジェクトであること
2 デジタルを活用した地域交通DXであること
3 地域に馴染むサービス設計を徹底したこと
4 既存交通と競争ではなく共創を目指したこと
5 朝日町に明確な危機感があったこと

●ノッカル成功の秘訣

している部分は、非常にアナログに見えると思いますし、特別なテクノロジーは活用していません。

一方で、ドライバー／ユーザー／運用体制の負荷を限りなく低く抑えるために、裏側ではデジタルをフル活用したシステムを設計しています。当然ながら、運行本数／時間帯／ルートなどのデータは蓄積されていきますから、月ごとのデータを基にしたＰＤＣＡでダイヤやルートを最適化しています。この地域交通におけるＰＤＣＡサイクル導入は、既存の交通にない、地域交通ＤＸのあり方だと自負していますし、すでに新たな地域公共交通計画の策定にも活用されています。

理由３　地域に馴染むサービス設計を徹底したこと

博報堂のソリューションやアセットを優先するのではなく、朝日町のアセット、住民の皆さんの想いを最優先するプロジェクト運営が大前提ということをサービス面においても徹底しており、ノッカルは「地域に馴染む設計」を心がけています。

例えば、外部から新しいものを持ち込んでいません。その地域にもともとあったマイカーという既存のアセットを活用しただけです。ノッカルの乗降場所は、すであるコミュニティバスの停留所を基本に、バス利用者ならばすぐに利用できます。

そしてノッカルのダイヤは、バスやタクシーの隙間を補完する形で設定し、ノッカルの時刻表もバスの時刻表の隣に並記しています。ノッカルを利用する際の決済方法も、スマホ決済ではなく、すでにあったバス券を利用し、2枚で乗り合い利用、3枚で1人利用ができるようにしました。極力、バスの利用者がそのまま同じように利用できるように意識して設計しています。

理由4 既存交通と競争ではなく共創関係を目指したこと

私たちが朝日町役場や地域の皆さんに、地域交通の提案をさせていただいた初期段階から、特に意識していたことが、既存の交通事業者の邪魔にならないことです。競争関係になってしまうと、まさに、外部事業者がやりたいことだけを実施するという最悪のパターンになると考えていました。そのために、当初から、地元のタクシー会社「黒東自動車商会（黒東タクシー）」の近江社長とは、何度も議論させていただきました。近江社長の考え方として、「人口減少が進む中でジリ貧の状態では、新しいことを考えないと衰退していくだけになる。タクシーもバスもノッカルも協力して、移動総量全体を増やすことで、町全体を活性化することに協力したい」というご提案もいただきました。

実際に、ノッカルの運行は、バスやタクシーに影響しにくい形で設計しており、ノッカル予約の電話受付や運行管理はすべて、なんと黒東タクシーさんに担っていただいています。朝日町では、タクシー／ノッカル／バスのデマンド路線など、予約が必要な交通手段のすべてを、黒東タクシーのオペレーターが対応できる体制を構築しています。このように、競争関係ではなく、共創関係を築けたことが最大のポイントです。あくまでも、地元の交通事業者が、ノッカルを含めた地元の交通を運行する体制を重視しています。つまり、地元住民の皆さんや事業者の方々に積極的に取り組んでいただけるような設計をできるか？　ここが非常に重要で、Win-Win関係を構築していくサービス設計やプロジェクト推進の要となります。これがもし、ノッカルを外部業者が運営していたら、地元の交通業者や住民からの後押しは少なく、ここまで根付いたサービスにはなっていなかったと思われます。そして、この地元との共創思想こそが、事業者協力型ライドシェアといわれる所以です。

理由5 朝日町に明確な危機感があったこと

最後の理由は、笹原町長をはじめとする町全体に「このままではダメ！」という明確な危機感があったことです。朝日町は、富山県で初めて「消滅可能性都市」に認定された町です。このままでは朝日町は周辺市町と合併され、故郷が消えてしまうのではないか？自分たちでなんとかしないといけない！そのような危機意識が非常に強く、自ら「課題先進エリア」と率先して語り、課題解決を目指す試みを先進的に続けていこうという土壌があったのです。

ノッカルの取り組みも、朝日町の課題解決にのぞむ先進的な意欲があったからこそ、成功したものだと確信しています。課題が可視

地域の事業者に馴染む設計

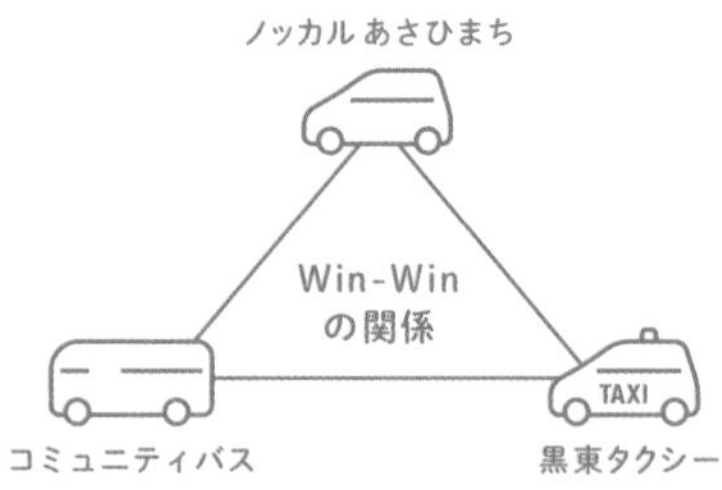

地域交通持続のため、協調しあう関係性をつくり出す

●地域に馴染む設計

化されていなければ、本当に困っていなければ、日本初となる地域のマイカーを活用した「事業者協力型ライドシェア」を導入しようという動きには至らなかったと思います。町長だけでなく、朝日町役場の皆さんや、黒東タクシーの近江社長そして、朝日町の皆さんの危機感と解決に対する強い想いが、ノッカル誕生の最大の推進力となったことは間違いありません。

5 朝日町と博報堂のチャレンジ

私たちが所属する博報堂は100年余の歴史のなかで、広告やマーケティング領域において、生活者やクライアント企業の課題解決を生業にしてきた企業です。この知見を、社会全体に応用できないか？　現代日本に増加する社会課題の解決にフィールドを拡張し、新たなビジネスの種を見つけられないか？　そう考えたのが、「社会課題解決プロジェクト」のはじまりでした。

その第1弾が、富山県朝日町での取り組みです。消滅可能性都市と認定されている朝日町は、1万人超の人口のうち、高齢化率が45％近いなど、日本全体が今後迎える超高齢化社会を20～30年先取りしたようなエリアです。風土的にも、日本海と3000メートル級の山々に囲まれており、多様な自然環境も有しているまさに日本の縮図です。朝日町に存在しない社会課題はないといわれるほど、さまざまな課題に真っ先に直面している「社会課題先進エリア」だと捉えています。私たちは、朝日町の皆さんとともに、日本の社会課題解決の一歩を踏み出

社会課題解決プロジェクト

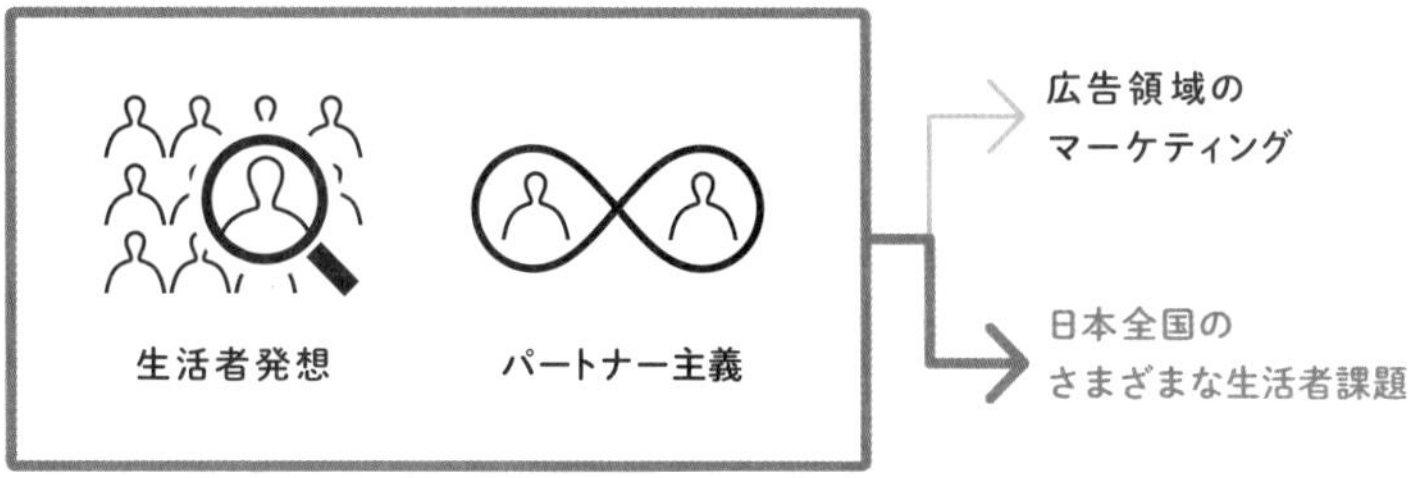

●博報堂としてのチャレンジ

し、実際の朝日町フィールドで並走しながら、日本全国のモデルケースにしていくことを目指しています。

ノッカルにおけるチャレンジは、決して私たち、一企業である博報堂だけのものではありません。ノッカルはあくまでも、行政が運営するマイカー公共交通ですから、朝日町にとっても大きなチャレンジです。特に、交通にかかる行政コストを見直すコストソリューションという側面だけでなく、コスト削減を地域の皆さんで実現する共助共創型のソリューションという側面もあります。行政サービスには、自助・共助・公助の考え方がありますが、人口減少や高齢化が進む中で、従来のように公助だけでは運営できないサービスも今後増加するでしょう。未来を見据えた朝日町のあり方や暮らしを、行政だけで考えるのではなく、朝日町の住民や事業者の皆さんと一緒に考える、または、外部の民間企業とも一緒に考える朝日町の新たな組織「みんなで未来！課」を、

2022年4月に発足しています。

「みんなで未来!課」は、朝日町と博報堂が官民連携で運営する組織で、ノッカルのような地域交通領域だけではなく、行政DX・GX(グリーントランスフォーメーション:環境戦略)、教育DXなど、さまざまな領域での社会課題解決を目指していく組織です。

私たちは、各領域での戦略をリードするだけでなく、各テーマで先行する企業とのアライアンス構築や、サービスの設計など、社会課題解決に向けたソリューションの社会実装も目指しています。

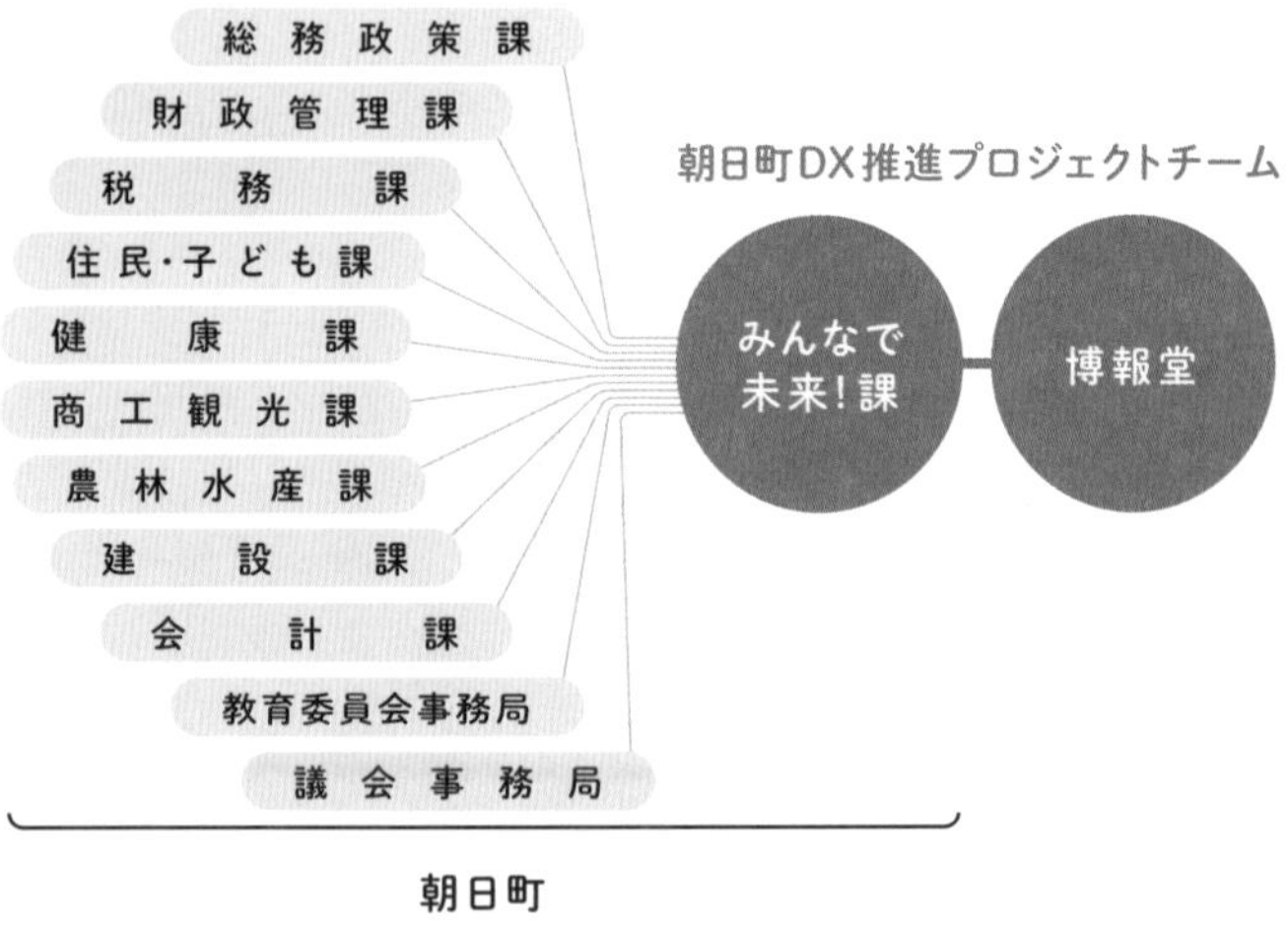

●朝日町の官民共創プロジェクト

6 朝日町にとっての「ノッカル」や「みんなで未来！課」

朝日町役場・みんなで未来！課　寺崎 壮

私は平成12年に朝日町役場に入庁し、農林水産課に配属後、あさひ総合病院、財政課、総務課公共交通を管轄する部署を経て、現在のみんなで未来！課に配属されました。

博報堂の皆さんと連携するまでは、ノッカルの取り組みのようなレベルまで民間企業と深く協力した経験はありませんでした。交通管轄部署でコミュニティバスの運営を担当したときにも、多くの企業からコンタクトはありましたが、既製のソリューション提案が多く、深く連携に至ることはなかったからです。

博報堂の皆さんは、他の企業と明らかに違いました。「町の困りごとは何ですか？」というスタンスで、人材や財政力が乏しい朝日町をどうすればよくなるかを一緒に考えてくれたのです。「ノッカルも最後まで責任を持ちたい」と言われたときに、とても感銘を受けたのを覚えています。「みんなで未来！課」の名前も、博報堂の皆さんが名付け親です。

しかし正直に言えば、最初は「広告代理店が朝日町に何しに来たのだろう?」と疑問に思っていました。「博報堂に朝日町が乗っ取られてしまう!」と言った町民もいたと聞きました。そのような私の気持ちが変わったのは、畠山さん、堀内さんとともに、富山大学に訪問した際でした。「まずは足元の住民の課題を何とかしたいです」という言葉を聞いたとき、本当に困りごとを解決する意志があるのだと、とても感銘を受け、私の疑問は払拭されたのです。

人口の少ない朝日町が、博報堂の皆さんと一緒にプロジェクトを推進することは非常に貴重なことだと思っています。以前、博報堂さんに「なぜ、朝日町だったのですか?」と質問したら、創業家が富山県の出身であり、ご縁を感じているとのことでした。また、偶然にも、朝日町に一番多い苗字は水島姓で、このプロジェクトが始まったときの博報堂社長も水島さんです。境地区は町の6%(約600人)が水島姓であり、不思議なご縁を感じています。

私は、住民自身が朝日町に誇りを持てるようにしたいというビジョンがあります。実際、日々の生活に充実感があり、朝日町の良さに気づく町民が増えてきました。将来的に、朝日町に誇りを持ちながら、町民が輝いて暮らせる町を目指しています。そのために、現在も博報堂の皆さんと連携してDXと再生可能エネルギーの導入に取り組んでいるところです。課の名前の通り、町民みんなで素晴らしい未来を創っていきたいと考えています。

第４章

地域交通、MaaS、行政 DX がハマる、お決まりの落とし穴とは？

1 住民に愛されるサービスになっていますか？

ここでは、地域活性化や地域サービスの実装を目指す上で、陥りがちな失敗事例と注意点を紹介します。これから地方創生に取り組む方や、すでに関わっている方のために、大切なポイントをお伝えできればと思っています。

まず、真の地方創生を実現するためには、持続可能なサービスを強く意識してサービスやビジネスを設計する必要があります。MaaSや行政DX領域においても、初期段階での取り組みの中には、国や各省庁の補助金を活用してサービスを開発したものの、「自治体や地域住民が負担する運用費（継続的にかかる費用）が大きく膨らみ、社会実装できなかった」という事例が多く見受けられました。実際に、ＰｏＣと言われる実証実験で終わってしまうサービスが90％以上とされるような実情もあります。

特に、MaaS開発などは、交通事業者だけでなく、さまざまな企業が開発に取り組んでおり、海外からのサービスを日本に適用しようという動きもあります。交通課題を抱える地域にとっては、新たなテクノロジーやサービスは、本来、歓迎すべきものですが、第2章で述べたように、地域交通は日常生活のライフラインになります。特に、高齢者や子どもなどの交通弱者にとっては、通院や通学、日常の買い物など、生活の基盤になるものです。外部企業にとっては実証実験であっても、地域社会にとっては生活そのものに直結する「大変化」であるということを強く意識すべきです。

昔から日本全国の自治体で頻繁に起こってきたのは、大きなイニシャルコストをかけて公民館や多目的ホールなどの立派な施設を建設するケースです。国の補助金などで建設費は賄えたとしても、施設の利用者がいなければ、運用費がかさみ、赤字が続き、自治体財政の悪化につながってしまうこともあり得ます。

このような状況を見ながら私たちが思うのは、地方創生そのものや各事業が、「地域の、地域による、地域のための「サービス」になっているのかということです。重要なのは、地域のニーズがあるのか？　であり、それ以上に、地域によって持続的な運用が可能な仕組みになっているのか？　という視点です。私たちが、最先端のテクノロジーを活用して、ニューヨークや東京でも通用するサービスを地方で導入しても、住民の皆さんの生活実態には馴染まず使われないかもしれません。何よりも、過度なテクノロジーでコストが膨らんでしまえば、地域で継続的な運用を続けることが不可能になってしまいます。

私たちは、パートナー主義の考え方を徹底しています。クライアント企業を「共創相手」としてリスペクトするという視点です。今回のように、地方自治体の行政サービス開発に参画する場合でも、外部からの異物にならないように、自分たちのテクノロジーやソリューションを導入するという進め方はしません。各地域に定着するサービスを設計するために、地域のニーズやステークホルダーに合わせたサービスをカスタマイズして、地域に馴染む業務デザインを徹底する必要があると考えているからです。

特に、地域のコミュニティをリスペクトすることは大前提です。地域を支えている自治会、集落、伝統的な行事など、地域特性を意識し、具体的な運営者やユーザーの顔を思い浮かべながら、サービス開発や運用の体制などをデザインします。理想は、私たちが外部から運営するものではなく、地域のニーズに応え、地域の皆さんが主体的に運営し、地域に根付くサービス設計、つまり地域の住民に愛されるサービスをつくることが大目標であり、地元の人に無理強いするようなサービスでは、やがて終わりがくるのは当然なことだと思います。

2 地元を圧迫するサービスになっていませんか？

ここ数年、行政であっても、官民共創で進めるサービス体制が成果を上げ始めています。重要なのは、やはり「競争」ではなく「共創」すること。地元事業者ではなく、外部から参入される事業者の場合には、地元事業者の脅威にならないようなマナーや、共創できる関係性をつくっていくことは最も重要な視点です。

自治体で地域交通を担当している方からよくお聞きする話があります。その自治体では、海外のMaaS事業者が新交通サービスの導入に向けて、実証実験の開始を宣言したことがありましたが、地元の交通事業者や住民の猛反発があり、実証実験自体が見送りになったことがあるというものです。

ノッカルを導入する際に、長い時間と多くの労力をかけたことがあります。それは、地元の事業者にご迷惑をおかけしないこと、そして、可能であれば、**地元事業者に利益が出るようなサービス設計を考え**、各事業者の皆さんに、協力していただけるようにプレゼンしたことです。例えば、朝日町では「ノッカル」は地元交通事業者との共創によって「運営」をしていますし、地元商業施設の利用者増につながるような「施策」を実施しています。つまり、各事業者の皆さんの課題と向き合い、その解決策を盛り込んでいくような設計・運用・施策にしていくことも、サービス開発において、非常に有益な方法です。実際に私たちが最も注意したことは、地域の皆さんが前向きに進めたくなるようなサービス設計になっているかどうかという点でした。

本来、このような行政を中心とした地域内のサービスは、行政と地元の事業者が行うことで、外部の民間企業の社員の仕事ではないと言われるかもしれません。

しかし、朝日町で起こっているような地域交通の課題は、非常に根深いもので、地域だけで解決できるものではありません。

朝日町の交通プレーヤー

公共交通の担い手は？

例えば、行政の交通担当者は一般的に数年程度のサイクルで配置換えが行われ、交通専門の知見を蓄積することが難しい環境です。また、朝日町唯一の交通事業者である黒東タクシーは近江社長が80歳を超え、ドライバーの成り手も不足しているなど、後継者問題や持続的な経営への課題も存在しています。つまり、地域内だけで解決できるような問題ではなく、従来の交通の専門家だけで解決できる問題でもなくなっているのです。

仮に、地方がこのまま衰退し続けていけば、日本はどのような姿になるでしょうか？　極端な話ですが、もしかしたら日本が札幌・仙台・東京・名古屋・大阪・広島・福岡の7大都市に集約されてしまうかもしれません。そして、どの地方都市もコピー&ペーストした画一的な社会になったら、はたして豊かな社会といえるでしょうか？

私たちは、そのような単一社会よりも、地域の個々の文化を尊重した豊かな多様性を育む社会こそが、日本の活力の源となると考えています。だからこそ、地方財政が厳しい市町村を再生させることを通じて、日本全体の活性化につながるよう全力で取り組んでいます。

3 サービスの継続性まで設計できていますか？

地方創生に向けた、新しい施策を実装する際に重要な視点は何か？

その施策がＰｏＣや初期開発で終わらず、地域による持続可能な仕組みになっていることだと先述しました。朝日町のマイカー交通「ノッカル」においても、地域交通のコスト課題をクリアするために、すでに地元にあるアセットを活用したサービスを設計しています。地元の一般ドライバーが、自分のマイカーを公共交通として提供することで、安価で持続的な運用が可能になっています。

他にも、朝日町で私たち博報堂が開発した「ポＨＵＮＴ」というサービスがあります。これは、ノッカル同様にデジタルを活用した行政サービスで、町にあるさまざまな施設に行き、ＱＲコードにスマホをかざして読み込むとポイントが貯まるシステムです。わかりやすくいうと、昔からよくある商店街のスタンプウォークラリーをデジタル化したものです。

朝日町でノッカルに関わる人は３５０人程度ですが、ポＨＵＮＴは３０００人程度が参加

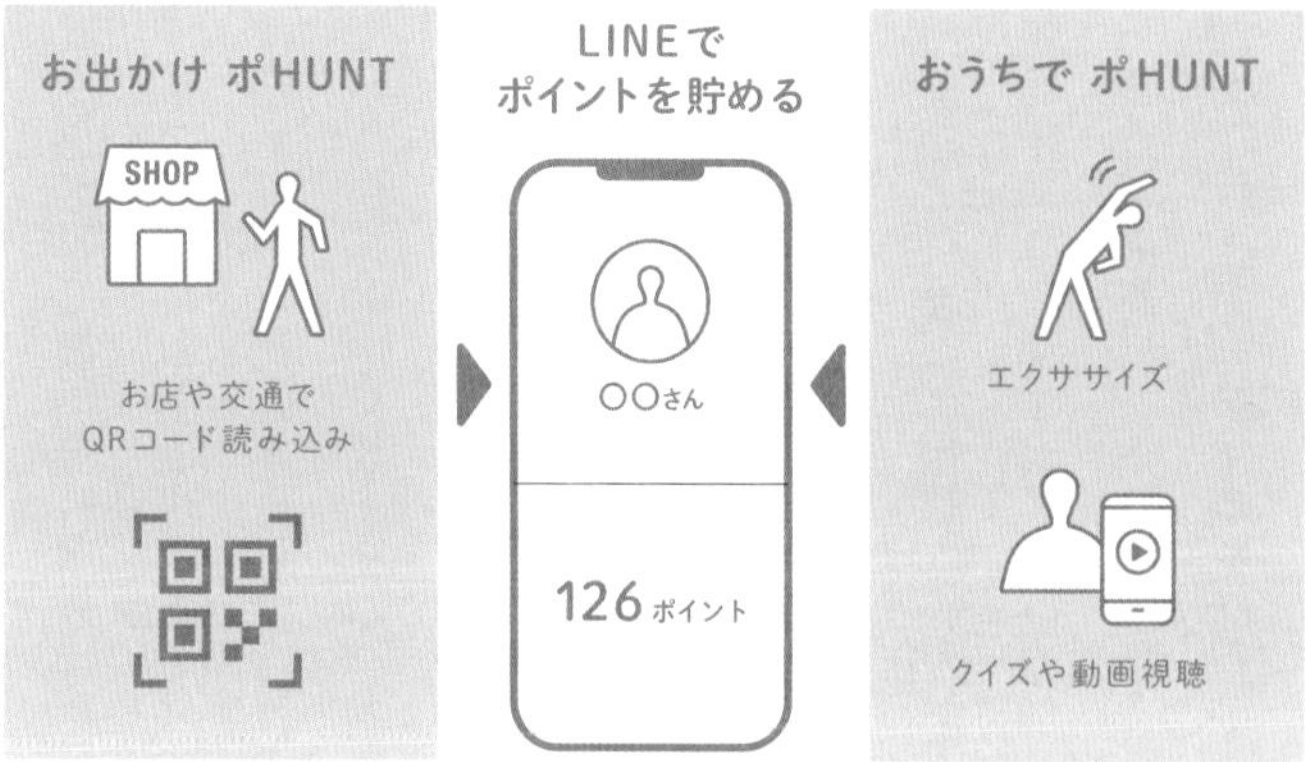

●ポ HUNT と提供コンテンツ

するサービスです。朝日町は人口1万人超ですから、町民の30%くらいが参加していることになります。

ポHUNTは、ポイントというインセンティブを用意することで、町にある施設やコンテンツを皆さんに紹介し体験してもらう行動が、よりスムーズに設計できます。これまで知らなかった、行ったことのない商業施設に、地元住民や観光客が移動することで、地元に人を誘引し、町の活性化につなげたいという狙いがあります。さらに、これまで住民に届けられなかった町の情報や、健康福祉サービスなど、充実しているのに使ってもらえなかったコンテンツも、スムーズにお知らせし、活用してもらえる設計にしています。

じつは、ポHUNTの狙いはノッカルとの連携という意味合いもあります。

例えば、ノッカルの運用を続けるためには、利用者を集めることはもちろんですが、継続的にマイカーを提供していただけるドライバーを集めるほうが重要になります。ノッカルの場合、ユーザーは80代以上の女性の高齢者が中心で、ドライバーは60代以下のボランティアの方が中心です。高齢者が増えていく町において、ユーザーは増えていく見込みも立てられますが、ドライバーは積極的に集める活動をしないと、増加していく循環はつくれません。ポHUNTでは、普段公共交通を使わない世代の方々にも、将来的な活用を見越して、公共交通を利用してもらう機会をつくったり、ノッカルへの理解や興味を後押しするようなコンテンツも用意しています。

地方エリアでは、マイカー移動が圧倒的に多いため、60代以下の世代は、ここ10年で誕生したコミュニティバスはもちろん、ノッカルの利用経験者はほとんどいません。ポHUNTのような町の皆さんが参加するような機会で、バスやノッカルなど公共交通の大切さに触れていただき、自分ごと化していただく機会をつくることがまずは重要。それによって、将来のドライバーやユーザーとして、参加してもらえるハードルが下げられると考えています。

また、同時に、ポHUNTは町全体のコミュニティを活性化する装置でもあります。特に20~70代まで、スマホを活用できる世代が中心となるデジタルサービスです。さまざまな試行錯誤がありましたが、ダウンロードハードルが高いネイティブアプリではなく、LINEを活用したサービスに再設計することで、町内でのコミュニティでサービスが拡がり、利用者が大きく増加しました。

ポＨＵＮＴが町民の30％が参加するサービスにまで成長した理由は、内容が特別に新しいからではありません。ポＨＵＮＴでポイントを貯める対象は、地域の施設や、行政情報やコンテンツの消費です。新しくつくったものではなく、もともと町に存在していたものばかりです。成功要因があるとするなら、誰もが利用しているＬＩＮＥと、楽しく前向きに参加したくなるポイントを活用したこと。これらが、行政と住民、施設と住民、住民と住民のコミュニケーションをポジティブに生み出し、皆さんが参加したくなるサービスに成長したと分析しています。

ノッカルとポＨＵＮＴでつくっているのは、薄れてきた地域コミュニティを再構築する仕組みです。これらのサービスへの参加をきっかけに、昔からあった「お互いさま＝共助」のコミュニティ文化が復活することを期待しています。ノッカルの開発コンセプトは、コミュニティモビリティであり、ポＨＵＮＴの開発コンセプトは、コミュニティプラットフォームです。これらサービスは、単なる行政サービスとして活用されるだけでなく、失われつつある地域のコミュニケーションを取り戻し、コミュニティ再生のきっかけとしての触媒的役割も期待しています。そして、コミュニティが自発的に強固になればなるほど、ノッカルのような共助共創型サービスは、持続的なサービスとして、自立していくとみています。どのような公共サービスでも、持続的に運用していく費用は必要になります。どの程度の費用でどのようなサービスを目指すのか？　地域の事業者、生活者、コミュニティなど、多様なステークホルダーとともに、共通のビジョンを持つことが、共助共創の第一歩かもしれません。

4

不安や不満の解決は、心情面までクリアにできていますか？

私たちが朝日町でノッカルを進める上で、「素人ドライバーが乗客を乗せても安全面で大丈夫なのか？」という不安の声が住民の方々から上がりました。たしかに、「事故が起こるかもしれない…」と気になるのは自然なことだと思います。かつて、ご近所送迎についてヒアリングしたある自治体では、事故後に、人間関係やコミュニティに大きな影響を与えたケースもあるという話をお伺いしたことがあります。

ノッカルは、「白タク」という呼ばれる脱法サービスではありません。国土交通省が定める「事業者協力型自家用有償旅客運送」の第1号モデルであり、朝日町役場が提供する公共交通であり、事業者協力型ライドシェアといわれる行政サービスです。ユーザーだけでなく、ドライバーの安全も守るために、次のような安全策を準備しています。

1. ドライバーは国土交通省が定める安全運転講習の受験
2. マイカー車両は、1年に1回の定期点検
3. ドライバーは、運行にあたってアルコールチェックを含めた健康チェック
4. 専用アプリで、運行前後の乗車確認と運行ルートをデータ化
5. ノッカル専用（自家用有償用）の保険に加入
6. 運行や予約の管理は、交通のプロである地元交通事業者
7. ユーザーもドライバーも事前の会員登録
8. 原則として、同じ地域の住民ドライバーがユーザーを送迎

法令上必要なルールはもちろん厳守しながら、それ以上に、住民の方々が安心できる制度設計を意識し、サービスやシステム全体で安全・安心を担保するような開発を実施しました。

実際にノッカルでは、ユーザー以上に、ドライバーから安全に関する意見が多く出てきました。どんなに地域に貢献したい想いがあっても、安全・安心が守られなければ、想いが無駄になるだけでなく、負の結果につながりかねません。ノッカルでは、ドライバーの不安解消

やモチベーション維持という側面から、ノッカルドライバーの認定バッジを用意しています。ノッカルを運行するときには、法令に合わせてマイカーにマグネット形式のノッカルバッジを貼ってもらいますが、デザインにもこだわり、朝日町が認定したドライバーだとひと目でわかるようにしたのです。利用者にとっては、町が認定したドライバーであれば安心できるからです。初めて利用する人からすると、公的機関のお墨付きはとても大切です。

ノッカルのドライバーは、自治体や保育施設のＯＢなどボランティア精神の高い方や、地域の自治会や民生委員の方、ライオンズクラブの方など地域貢献意識の高い方々が多く、その全員が、地域や高齢者の皆さんのためにと、積極的にボランティアドライバーとして活動いただいています。コロナ禍においては、同じ地域の住民であっても、コミュニケーションはより取りにくくなり、コミュニティはより機能しにくくなっていました。ご近所さんへの奉仕精神があったとしても、自分から積極的に話しかけたり、おせっかいをやくことは逆効果を生みかねません。

地域のコミュニケーションを活性化しコミュニティを強いものにするためには、ノッカルドライバーのように、人々の想いや得意分野の可視化を進めるべきだと考えます。昔は同じ地域に住む人ならば、お互いのことをよく知っていたので、誰が何を得意としているのかを細かく把握していました。

しかし、現在は個人情報保護法の施行やインターネットの誹謗中傷などもあり、お互いの情報をあまりオープンにしなくなりました。その結果、お互いの情報が遮断され、つながりが希薄になってしまったのです。

このような状況では、どんなに地域貢献の想いがあったとしても、その想いは可視化されませんし、実際に活かされにくいのです。国や市町村などの公的機関が、多くの人の得意分野を認定することは、共助社会をつくるためにとても有効な手段だと考えます。ご近所同士が、助け合えるリソースがあるのに単に知らないだけで、活用できないのは非常に大きな損失です。住民の皆さんの想いを可視化し、お互いに情報共有できる仕組みを提供することで、昔からコミュニティに存在していた人々の助け合いを再構築し、地方ならではの暮らしやすい社会を実現することが、求められていることなのです。

5 テクノロジーありきのサービスになっていませんか？

行政サービスのＤＸを進める際に、直面したハードルがあります。それは、いくら最先端のテクノロジーを駆使したとしても、ユーザーが使えるサービスでなければ意味がないという事実です。現在、あらゆる領域でのＤＸ推進において、実際に起こっている課題だと感じます。使いにくいサービスでは、メリットを理解し、享受する前に、ユーザーは利用をあきらめてしまうからです。

朝日町に導入したポＨＵＮＴでは、当初は、人の移動を補足するために、ネイティブアプリを開発し、アプリ上の行動履歴を把握するとともに、主要施設にビーコン※などを設置することで、情報配信を高度化する仕組みを導入しました。高齢者の皆さんには、ビーコンに反応するＩＣタグを配布し、非スマホユーザーの行動履歴も取得しました。いま考えると、完全な「ソリューション発想／プロダクト発想」になっており、地域に住んでいる皆さんの生活実態とは大きくかけ離れた実証実験になってしまいました。当然ながら、ユーザーにとって、非常に使いにくいサービス設計だったため、あまり普及しませんでしたし、それ以前に、ネイティブアプリのダウンロードハードルが高く、理解しにくいために新たなアプリを入れるという行為は非現実的で、まさに実証実験のための仕組みになってしまいました。この失敗を糧として、現在のポHUNTは、LINEプラットフォームでアカウントをフォローするだけで利用できるLINEミニアプリの開発を行い、3000人規模の利用者に増加したのです。

また、ノッカルでも同様の失敗を経験しています。当初は、他のMaaS同様に、デジタルを主体としたサービスを構想していたため、運用負荷を軽減するためにも、Web予約システムを開発していました。実証実験を開始すると、実ユーザーは80歳超の女性高齢者が中心で、スマホはもちろん、Webサービス自体が使えないユーザーばかりとなり、実証実験段階でのWebでの予約者は1%と惨憺《さんたん》たる結果になりました。実証実験を終え、公共サービスとして社会実装されているノッカルには延べ3000人超の利用者がいますが、現在も、コアユーザーは80歳代の女性の皆さんです。

海外MaaSの事例で紹介した「Gojek」「Grab」というアプリは、国民の平均年齢が30歳程度のインドネシアで普及しているサービスです。どちらも、高度なテクノロジーを活用した素晴らしく便利なサービスですが、全く同じものを高齢化率45%の朝日町にそのまま導入しても、残念ながら使いこなすのは難しいはずです。

ユーザー属性を考えて設計しないと、全くユーザーニーズを無視したサービスができあがることもあり、注意が必要です。ポＨＵＮＴでは使いやすさに加えて、楽しいイベントや参加したくなるような仕組みづくりを心がけています。

デジタルは万能ではありませんし、ＤＸは手段であり、目的ではありません。導入対象にとって、デジタル化が可能な部分と、デジタル化が不要な部分があります。どのようなビジネスにおいても、最終ユーザーは誰なのかを認識することが大切です。そして、ユーザーの年齢やニーズに最適なサービスを設計する必要があると実感しています。

※ビーコン：Bluetooth などの電波を発信する小さな端末で、電波圏内に入ったスマホユーザーなどへコンテンツやメッセージ配信が可能。

6

テクノロジー過多なサービス設計になっていませんか？

MaaS領域では、海外や日本の先進事例として、高度なテクノロジーを活用した「MaaS×各関連産業」という視点でサービスが紹介されているケースがあります。まさに、交通や移動が、地域の中心で、あらゆる産業にとっての基盤となっている証拠ですが、一方で、交通領域だけでのマネタイズの難しさも掛け算が必要な要因なのです。基本的には、交通領域はどんなにDXが推進されても、従来の規模を超えるような莫大な利益にはつながりにくい領域だという実態があるのです。

特に、地方では、民間の交通事業者が撤退しているエリアも非常に多く、行政主体のコミュニティバスなどは、赤字が前提の運営になってしまっています。

この交通領域の大前提がありながら、日本でも海外型MaaSをそのまま導入しようという試みや、高度なテクノロジーを活用した実証実験が多数行われています。もちろん、個々のサービスやテクノロジーは素晴らしいものです。一方で、前節でご紹介した「ユーザーは誰なのか？」と同じように、「フィールドはどこなのか？」によって、相性の齟齬は当然出てきます。

例えば、海外型MaaSを中心に装備されているソリューションには、「ルート設定」「乗り合い」「マッチング」などを、ＡＩ活用して最適化するものがあります。利用者や交通媒体自体が豊富な都市部においては、非常に有用なソリューションで、今後さらに活用が進む分野だと思います。

一方で、このような技術を地方に持ち込んでも十分に活用できず、「テクノロジー過多＝コスト過多」なサービスになってしまいかねません。

実際に、ＡＩを活用した「ルート設計」ですが、地方では、集落や町を結ぶ道路は、大半が一本道で、そもそも組み合わせる道路もルートもありません。また、「乗り合い」をリアルタイムで増加させるような仕組みもありますが、利用者が高齢者であれば、リアルタイムで通知する方法がありません。同様に、リアルタイムでの「マッチング」も、地方では、公共交通の利用者でそんなに急いでいる人は多くありませんし、マイカーを所有していない学生や高齢者の皆さんは、毎週だいたい同じ時間に同じ方向に移動する予定があり、リアルタイムでマッチングする必要もありません。

下の表は、博報堂が分類している地域交通の種類と機能パターンを表していますが、地域やユーザーによって、どの程度のレベルが最適なのか？ コスト負担も含めて探っていくことが重要です。

世界で最も高齢化の進む日本は、課題先進国といえます。つまり、高齢化に関しては世界最先端であり、海外の成功事例をそのまま輸入しても実情に合わない場合が多いのです。むしろ、今後は日本で開発したシステムを海外に輸出するほうが自然な流れといえるでしょう。

裏を返せば、日本の課題先進エリア「朝日町」で社会実装された「ノッカル」は、今後、日本だけでなく世界で進行する高齢化の社会課題を解決できるポテンシャルをもっています。日本の、しか

路線・停留所・ダイヤ・予約のありなしで下記に分類

利便性（低い ↔ 高い）　運行負荷（軽い ↔ 重い）

	路線(ルート)	停留所	ダイヤ(時刻)	予約	乗り合い	利用車両
地域バス	あり	あり	固定	不要	あり	専用車両
デマンドバス①	あり	あり	固定	事前予約	あり	専用車両
デマンドバス②	エリア単位	あり	固定	事前予約	あり	地域のマイカー
デマンドタクシー①	なし	あり	なし	事前予約	あり	専用車両
デマンドタクシー②	なし	なし	なし	即時予約	あり	専用車両or地域のマイカー
タクシー(制限あり)	なし	なし	なし	事前予約	なし	専用車両
タクシー(制限なし)	なし	なし	なし	即時予約	なし	専用車両

利用者の利便性と運用側の負荷はトレードオフになっている

地域交通の種類と機能分類

も地方部の高齢化社会と聞くと、ネガティブな印象を持つかもしれません。しかし、小さな朝日町で実証され育ったシステムが、全世界に大きな存在感を示す可能性を秘めているのです。

7 データ分析やデータ活用が目的になっていませんか？

MaaSを考える際に、土台となる行政の交通指針として、地域公共交通計画があります。例えば、鉄道の計画は、鉄道事業者が中心となり、路線計画やダイヤの改定がメインとなります。バスでも同様でバスの路線やダイヤの改定がほとんどです。各交通媒体の事業者や事情が異なることが主な要因ですが、もう一つ、単一交通での改善にとどまる理由があります。それは、交通をまたぐ地域交通全体の共通データが乏しいことです。一部の都市部においては、共通決済プラットフォームなどの活用で、交通間をまたいだデータも存在します。

一方で、多くの地方部では、交通モーダルをまたいだデータはなく、そもそも、移動の主役はマイカーになることが多く、当然ながら、公共交通とマイカーをまたぐデータはほとんどありません。さまざまな分野でデータ活用が進んでおり、交通計画でもデータ活用は前提になってきています。しかし、現状、多くの地域で求められるのは、国土交通省も指針として出している「交通再編」ですから、本来であれば、交通全体のデータを活用した、交通再編を目的とすることが正しい方向性です。

ところで、多くのデータ活用でよく陥りがちな落とし穴は、データ分析することが目的になってしまうことです。データは、あくまでも課題解決のために役立つツールであり、目的ではありません。私たちが所属する博報堂では、広告やマーケティング領域で多種多様なデータを扱っています。もちろん、うまくデータを活用することによって、潜在ニーズや解決策が見えてきます。

ノッカルでも、交通データを取得することで、従来では把握できなかった潜在需要を発見できた事例があります。

朝日町には「らくち〜の」という温浴施設があります。従来のコミュニティバスでは、本数の少ない複数路線を乗り換える必要があり、バスの乗客データを調べてもニーズは見えてきませんでした。町の中心部からやや距離がある場所にあり、基本的にマイカーで移動する人が多く、バスの交通データには表れなかったのです。交通計画策定のために、マイカーの移動データを提供してもらう共創サービスも実施していますが、このマイカーデータを見ると、「らくち〜の」は、確実に地域の移動需要を創出しています。公共交通のデータではわからなかった移動需要が、なんら制約のない移動ニーズの集合体であるマイカーデータのほうには明確に表れていたのです。

実際、ノッカルでは、実証実験の途中段階から、既存のバスでは難しかった「らくち〜の」に直接向かう便を設定しています。そして、いまではノッカル利用者の移動先として、「らくち〜の」は「ショッピング」や「医療」施設に次ぐ主要路線になっており、潜在需要を掘り起こし、町全体の移動を新たに生み出したのです。

「らくち〜の」便の利用者の声からは、非常に興味深いインサイトも見えてきています。「らくち〜の」は温浴施設で、いわば娯楽やお友達とのコミュニケーションを目的とした移動です。病院や買い物は、生活に必要不可欠な移動ですから、少し離れた場所に住んでいる子どもたちに頼むことも、タクシーを利用することも、大きな罪悪感はありません。一方で、娯楽を目的とした移動は、自分からは頼みにくい気持ちがあるとのこと。たしかに、ノッカルの場合は、すでに「らくち〜の」に行く予定のあるご近所ドライバーのマイカーに相乗りするだけですから、まさに「ついで」で、罪悪感はほとんど感じないようです。

新しい潜在需要は、人の生活や心情を中心に考察すると浮き彫りになります。つまり、ある人の1日の動きをデータ化することで、細かい行動パターンが見えてきます。さらに、その人が何のためにその行動をしたのか？　行動のインサイトまで深く考えることが大切です。

　このような考え方は、ユーザーだけでなく、ノッカルドライバーのインサイトでも適用できます。インサイトとは、生活者が購買行動を行う際の動機や想いのことです。都市部における飲食店などの宅配サービスドライバーは、本業として賃金を稼ぐ方もいますが、隙間時間を有効活用し、小遣い稼ぎをしている方も多いはずです。一方で、朝日町のノッカルドライバーは、お金を目的にしている人は皆無で、彼らのインサイトは明確に、地域貢献や他者からの感謝です。利用者から「ありがとう」と言われると、自分は地域の役に立っていると感じ、幸福度が上がるといいます。

　このように、交通データには表れないような、人の想いがサービス構築のカギになっていることもあります。データ分析やデータ活用を目的にするのではなく、データを活用しながらも、地域や人の想いに寄り添うプランニングが最も重要なのです。

ドライバーインサイトの違い

副業ドライバー
ノッカルドライバー
・隙間時間を活用したい
・お小遣い稼ぎをしたい
・住んでいる地域に貢献したい
・自分の役割がほしい

●ドライバーのインサイト

8

自分たちにしかできない構想×実装計画になっていますか？

この社会課題プロジェクトを進めるにあたって、最も高いハードルだと感じたのは、博報堂社内で推進体制を整備することです。当然ながら、一企業の先行投資として、開発費などを活用したプロジェクトです。社会課題プロジェクトの狙いや真意が理解されるまでは、多くの社内外の人から、プロジェクトに懐疑的な言葉を多く受け取りました。想いの強い企画を会議出席者から否定される心理。ビジネスマンの読者ならばご経験済みで、ご理解いただけるはずです。

しかし、今回のプロジェクトは決して朝日町の課題だけを解決して終わる話ではなく、将来の日本や世界の大きな課題に対する大仕事と捉えています。つまり、これから10~20年後に日本国中で起こる高齢化の課題のために、先手を打って朝日町で解決策を探している感覚です。現在のマーケットが小さくても、社会課題は大きく、マーケットも将来的に大きくなると確信しています。

ビジネスとしては、博報堂の従来の業務にも大きな効果があると考えています。例えば、国や自治体のコンサルティング業務も多数ありますし、自動車や交通事業者を中心としたクライアント企業との業務にも活用できる知見が蓄積するはずです。新たな領域の開拓になりますから、待ちの姿勢でいても何も生まれないのは厳然たる事実です。積極的に課題に向き合い、市場環境や競合環境の理解はもちろん、その解決策を先端フィールドたる現場で考え抜くこと、そして、社会実装までやりきることは、確実に次世代の人材育成にもつながっています。

なぜ、地方で始めるのか？　それは、汎用性の高さです。同じような規模で同じような課題を抱える市町村は数多あります。一方で、東京は人口も多くマーケットは大きいエリアですが、他のエリアと比べても特殊な環境です。つまり、東京で上手くいったやり方は、日本の他のエリアで再現しない可能性があり、汎用性が低いという見方もできます。

今回特に苦労した点は、最初何の実績もない中で、従来とは異質なプロジェクトを開始し、開発資金を得ながら構想や実装を進めることでした。しかし、今回のプロジェクトが成功した要因の一つとして、初期の頃から、博報堂社内に私たちのプロジェクト推進に共感・応援し、開発資金を投資してくれる上司や組織がいたことです。

これから新しいプロジェクトを始める方のために、私たちが実際に行ったことを紹介しましょう。まずは、**各テーマ領域のプロになること**です。少なくとも構想段階では、市場環境や競争環境の把握は当然で、同時に自社戦略の立案も必要です。つまり、その領域における開発を推進する意味を明確に持つことが重要です。

そして、この構想を実装に進めるために、社内外に対して、情熱をもって構想を説明し、課題を煮詰めながら、共創できる仲間を集めていくことです。構想に共感してくれるパートナーやアライアンス先がきっと見つかるはずです。共感の波を拡げていくイメージです。

そして、社会実装が必要な領域では、フィールドパートナーも必要です。交通領域で共創できるパートナーを探すために、数百枚の名刺を交換し、全国各地の自治体を訪問します。オンライン打ち合わせも当たり前になりましたから、この段階での必要経費は、数年前に比べて格段に抑制できるはずです。

そして、小さな資金でも実現できる実装の成果を積み重ねること。このような、構想と小規模な実装成果を積み上げることで、協力者を増やし、実績を重ねながら、社内での信頼と投資も創出していくことができました。社会環境を鋭く読みながら、10年先、20年先の未来を予想し、大きなビジョンを描くこと。そして、地道な実績づくりの両輪を並行して進めることが重要です。

9 博報堂が社会課題解決プロジェクトを推進する視点

行政サービスのＤＸを進めるにあたって、国と地方自治体の間にミッシングポイントがあると考えています。つまり、「ヨソモノ」が必要とされる欠落ピースがあり、民間事業者にとっては、このミッシングピースを埋める作業こそが、新たなビジネス創造につながるです。例えば、各地方自治体には総合戦略があり、各社会課題に対応した形でテーマごとに事業化を目指しています。一方で、国や各省庁は、各テーマに対して、日本全体の社会課題を解決するために、支援する姿勢と資金を用意しています。

ただし、地方自治体は、各テーマのプロ人材が育成される組織にはなりにくいですし、社会課題を解決するような「構想×実装」を実現できるような予算も人材も不足しているのが現実です。同様に、国や各省庁も大きな方針を示すものの、具体的な施策を創出できませんから、実態を伴った解決策は現場（各自治体など）が見出していく必要があります。

ノッカルでは、国交省の進める「事業者協力型自家用有償旅客運送」を、具体的なフィールドを舞台に、具体的な行政サービスとして設計し、地域の方々が利用しやすいシステム実装を行いました。朝日町は、交通事業者の高齢化や、マイカーユーザーの免許返納問題、コミュニティバスのコスト問題などを抱えていましたから、まさに、国と自治体と民間事業者で、Win-Win-Win関係を構築できたプロジェクトだと感じています。

国と自治体と民間事業者がうまく連携できるポイントは、上記のように、それぞれが役割を自覚し、共創関係を構築することです。いま、博報堂の社会課題プロジェクトでは、共創型の「社会イノベーション・プログラム」という枠組みを準備しています。これは、国・地方自治体と民間事業者が協力しながら、官民共創で社会課題を解決するためのプログラムです。博報堂だけでなく、さまざまな企業の知恵を日本の社会課題解決に活用

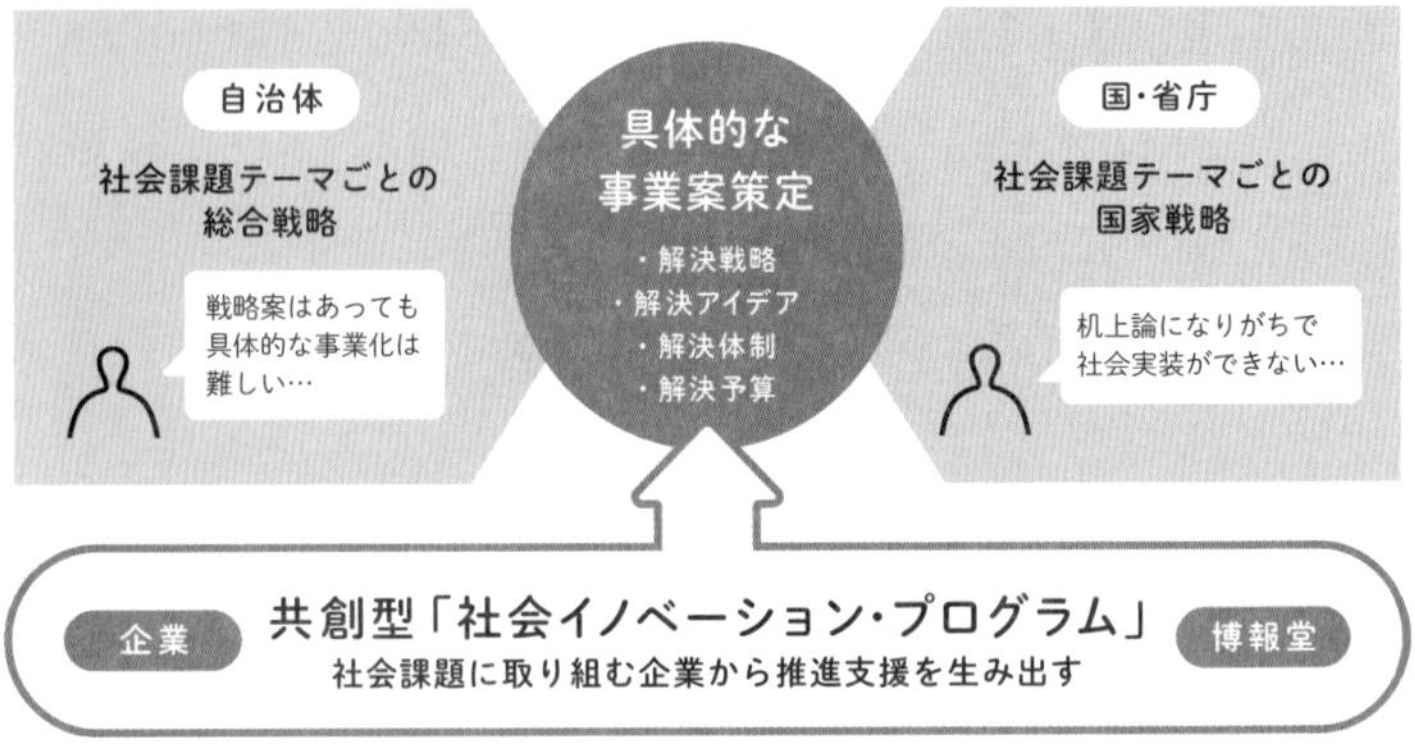

自治体
社会課題テーマごとの
総合戦略
戦略案はあっても
具体的な事業化は
難しい…
具体的な
事業案策定
・解決戦略
・解決アイデア
・解決体制
・解決予算
国・省庁
社会課題テーマごとの
国家戦略
机上論になりがちで
社会実装ができない…
企業
共創型「社会イノベーション・プログラム」
社会課題に取り組む企業から推進支援を生み出す
博報堂

●官民共創の社会解決視点

しようという狙いです。

国も官民共創プロジェクトに関しては、積極的に支援するスタンスです。ある特定の地域に特化したものではなく、多くの自治体でも使える汎用性の高い取り組みに関しては、国も資金援助を惜しまない傾向があります。例えば、令和３年度から始まった「デジタル田園都市国家構想」もその一つといえるかもしれません。

現在、日本全体の課題解決をするプラットフォームが渇望されています。私たちは、朝日町モデルをさらに発展させ、全国の市町村における既存課題と将来課題に対するソリューション提案を進化させていきます。しかし、地方創生プロジェクトは道半ばであり、まだまだ、これからが本番だと思っています。

10

研究者からメッセージ

呉工業高等専門学校・教授
神田　佑亮

私の研究室では、交通・地域計画・観光・健康などを含めた「まちづくり」や、公共政策に関する研究を行っています。例えば、災害時やコロナ禍での交通リスクマネジメントなどを取り扱っています。私は教育の現場に入る前は、民間のコンサルティング会社で12年間、まちづくりや地域活性化を中心に業務を行っていました。このような自身の経験から、従来の公共交通は極端に表現すると「5年に1度だけ名ばかりの計画を立て、実証実験をやって一部のプレーヤーだけが儲けている」というネガティブな印象でした。しかし、朝日町×博報堂のプロジェクトは、その印象が良い意味で覆されたことを鮮明に覚えています。地域創生における私の哲学は、「謙虚は大鉄則。結果が出るまでは我慢。地域の方とのチームづくりが鍵」です。彼らとディスカッションをする中で、私の哲学と共通の部分があると感じたのです。

そして、本プロジェクトで特筆すべき点は、壮大な夢と現実プランの両方を持ち合わせながらも、ビジョンや想いを周囲と共有している点です。これまで数多くの地域創生や地域交通に関わってきた企業を見てきました。ほとんどが、壮大な夢があっても協力者が少なく、実行に至らない、あるいは、現実的に実行できる協力者はいるが、大きなビジョンが描けていない、共有できていないケースでした。ノッカルプロジェクトは、非常に稀で貴重なケースといえます。

さらに、今回のノッカルプロジェクトのような「産官学」の連携には大きな可能性があると考えています。なぜなら、「産官」だけではコンプライアンス面での疑念を抱かれる可能性があるからです。実際、一民間企業に対して国や地方自治体が優遇すると、世間から厳しく見られるケースも存在します。そこに「学」が入ることで、客観的なデータや分析で裏付けるため、科学的視点が入ることで、全体のバランスが整うと考えています。例えるなら、三国志の魏蜀《ぎしょく》呉《ご》のような「産官学」の〝三つ巴の安定状態〟をつくり出すことができるのです。

交通は、日本に住んでいるすべての人が関わってくる根幹の問題です。それゆえに、地方の交通課題のソリューションを提示したノッカルプロジェクトは、大きなポテンシャルを秘めています。さらに、本プロジェクトの場合は、交通分野から他分野に水平展開できるため、拡がりは無限大だといえるでしょう。「重要なのは型よりも振る舞い」だと思います。

これからも地方創生への想いを多くのクライアントと共有し、具体的なビジネスモデルと一緒に「魂」も伝えてほしいと考えています。

第５章

『地域創生 MaaS』マニュアル
【まだまだ構想編】

1

サービス開発の基本／博報堂流のプロダクトマネジメント

第5章と第6章では、実際に私たちが日本初のマイカー公共交通サービス「ノッカル」を開発した際に、どのようなステップを踏んだのか？　具体的なサービス開発工程の棚卸しをしてみます。「ノッカル」は地域交通、公共交通、MaaSなどの交通を核にした領域のサービスですが、次の3点において、多様なサービス開発へ応用できる要素が詰まっていると感じています。

1. 地域に根ざした行政サービスの開発である点
2. 社会課題の解決を目指した共助共創型サービスの開発である点
3. 新規事業（自社サービス）開発である点

じつは、私たち自身もさまざまなサービス開発を行う際に、「ノッカル」プロジェクトで経験した開発プロセスを、一つの成功ケースとして参考にする場合が多くなってきています。特に、社会課題を多く抱える地方部での行政サービスを社会実装しているという点において、多様な視点での示唆に富んでいます。

具体的な開発ステップは、大きく2段階に分かれます。

まずは、環境分析や現地ヒアリングなどを重ねて戦略を立てる『構想』領域です（第5章で紹介）。

そして、その構想を現実社会でプロダクトやサービスとしていく『実装』領域です（第6章で紹介）。

この2段階での開発思考は、ノッカル開発に固有のものではなく、プロダクトマネジメントにおいては一般的なものですが、具体的なステップには、博報堂が培ってきた『生活者発想』をはじめとする細部に至るまでのプランニングやクリエイティビティが反映されています。

ここでご紹介するのは「構想」にあたる部分ですが、デスクリサーチやコンサルティングを指すのではなく、「実装」を実現するための「構想」という考え方が重要です。

プロダクトやサービス開発では、9割が「考え方」や「コンセプト」までにとどまってしまうとよくいわれます。しかし、「実装」に至った成功事例を分析すると、実装領域以上に構想領域で鋭い視点や緻密な戦略が目立つことが多く、実際に世の中に受け入れられ、拡がっていくための実装戦略事例ばかりです。下図の通り、「構想STEP」では、後半に「実装プランニング」という項目を設定しており、実装に至るための構想こそが最も重要なステップになります。

では、「ノッカル」の社会実装で実際に歩んだステップをご説明します。構想領域は大きく3つのステップ。さらに、そのステップの中に詳細なプラン

構想 STEP 1 「分析」	構想 STEP 2 「戦略プランニング」	構想 STEP 3 「実装プランニング」
環境分析 ・デスクリサーチ/先行事例研究 ・コンサルティング発注 ・MaaS事業者ヒアリング/アライアンス構築 ・競合戦略/競合サービスのデコン ・法律や法制度の確認 　（国や官公庁など）	**ゼロ次提案 to 朝日町** ・0次提案（観光向け交通サービス） 観光事業者 → 新幹線駅と町をつなぐ観光案内を含む送迎 → 観光客	**地域でのプロマネ** ・PoC戦略設計 ・地域公共交通会議 ・MaaS実証実験推進協議会 ・地元交通事業者とのアライアンス ・運行管理オペレーション設計
現場ヒアリング ・生活者ヒアリング（朝日町の実態） 　- 地元のスーパーや商店街 　- 病院や福祉施設 　- 公民館や自治会等の寄り合い ・交通利用者ヒアリング ・関連事業者ヒアリング ・有識者ヒアリング	**正式提案 to 全方位** ・博報堂MaaS戦略の方針決定 ・社内プロジェクト化 ・社内上申/開発費申請 ・プロジェクト具体設計 ・アライアンス具体設計 ・正式提案（地域交通サービス） ・自治体や国交省との討議	**サービスでのプロマネ** ・サービス設計 　- 運行ルート・ダイヤ設定など ・運行システム設計 　- システム調達（アライアンス） 　- システム改修／開発 ・PoC実装設計 　- ドライバー／ユーザー募集

ノッカルの構想 STEP

ニングが含まれます。特徴は、構想の初期段階から現地に入り込み、生活者発想でのプランニングを徹底したことです。生活者を第一に考えたプランニング思想は、博報堂のプラナーにＤＮＡとして刻まれた姿勢であり、国内外の先行事例や、一般的な MaaS 論にこだわるのではなく、現場で求められる「本質論」に迫ることの重要性を示唆しています。ノッカル開発においても、「行政担当者の交通課題」「地元交通事業者の運用体制」「地域交通の利用者の声」など、地域の生の声こそが、構想策定の基盤になっています。

2 構想STEP「分析1」――環境分析は最低限の準備？

マーケティング戦略を構築する際に、必要不可欠な第1ステップが**市場環境分析**です。サービス開発においても同様のステップを踏むことは非常に重要です。中身は、マーケティング領域とほぼ変わらない「3C分析」に近いもので、**Customer：顧客**、**Competitor：競合**、**Company：自社**の視点で、市場環境全体をもれなく理解しておく必要があります。

ただし、ノッカル開発において、この環境分析は戦略を構築するための分析とは大きく異なる意味合いを持ちます。プロジェクトチーム内では「最低限の準備」という言い方をしていますが、社会課題解決のプロジェクトを行う場合は社会実装が目的です。プロジェクト自体が、地域の方々の生活を変える可能性があり、決して机上のフレームワークで語れるものではありません。地域の方々に課題を共有してもらい、解決策を提案していく上で、地域の方々以上に、該当テーマに対する知見を徹底的に蓄えておくことが最低限の準備だといえます。

実際に、MaaS開発というテーマで始まった「ノッカル」ですが、地域住民へのヒアリングを始める前に、環境分析を終えるだけでなく、競合サービスのデコンストラクションを行うことで、日本におけるMaaS開発の課題感を理解しました。また、いくつかの自治体や交通事業者へのヒアリングや、法制度の理解を進める中で、複数のプロジェクト提案を経験し、モビリティサービス開発におけるポイントを意識した上で提案できる準備を整えていきました。

これら活動の中で、必ずと言っていいほど出てきた論点が大きく3つあります。

①**データ活用の不足**…交通横断でのデータ活用が進んでいない

②**マネタイズの難しさ**…都市部では交通事業者が強力で地方では赤字ばかり

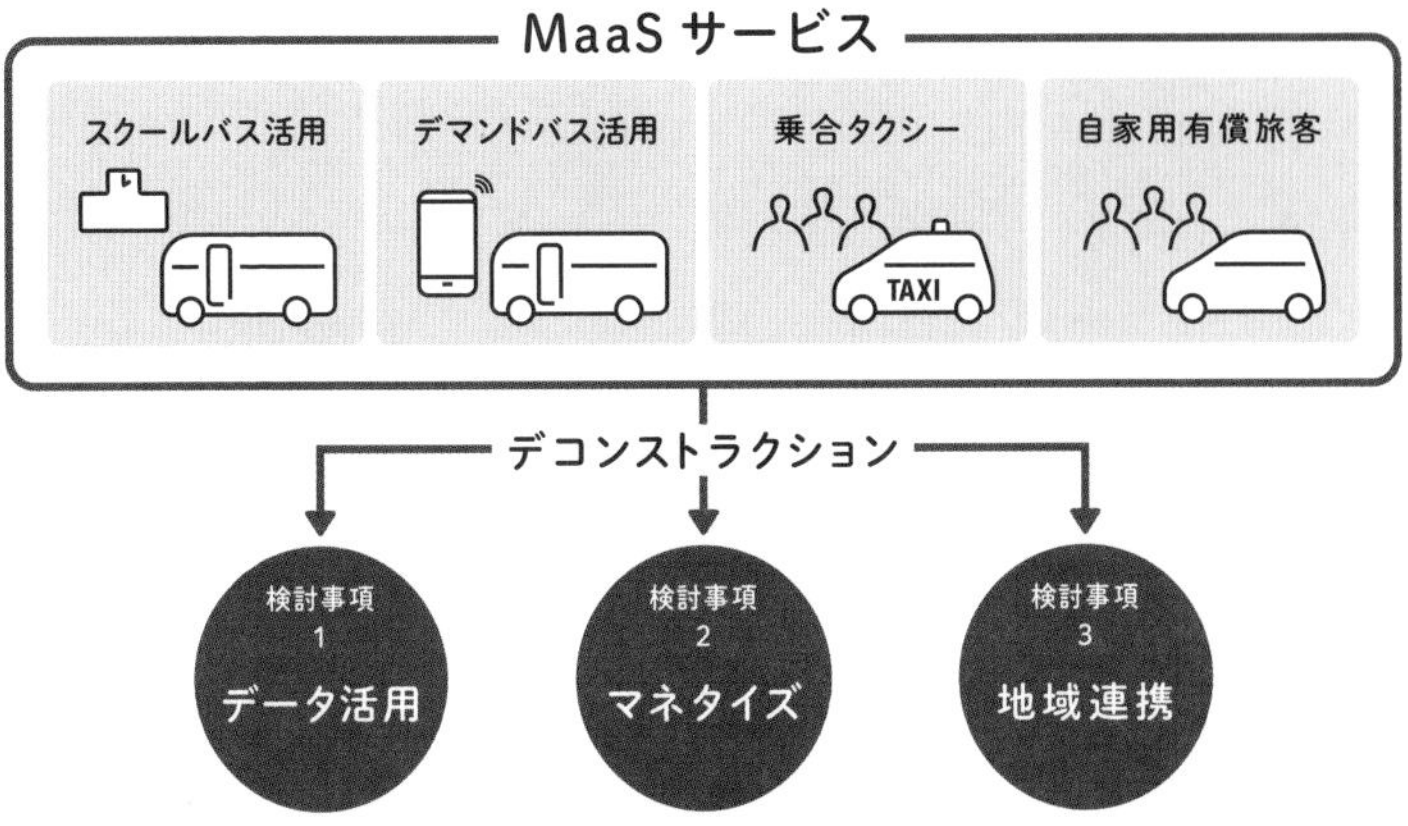

●MaaSの論点整理

③地域連携の重要性…都市部でも地方部でも地元の交通事業者が交通を支えており、連携が必須

どの論点も、いま振り返ると、朝日町の課題解決にあたる際の姿勢やチェックポイントのベースになるものでした。

前記のような論点を整理し、先行して議論しておくことは、現場へのヒアリングを行う前の事前準備として最も重要なステップの一つだと考えます。仮説なき調査や仮説なきヒアリングは、時間を無駄にするだけでなく、協力者の労力や知見をも無駄にしてしまう可能性があるからです。

そして、最低限の事前準備（仮説）を持った上で、さまざまな地域へのヒアリングを実施しました。大都市圏から地方圏まで、人口規模や交通事情を加味した上で、30以上の自治体や交通事業者が対象です。この段階では、まだ私たちの仮説提案ではなく、各地域での社会課題や交通課題の抽出を目的にヒアリングを実施します。ここで重要なことは、当事者ですら気づいていない課題の本質や、建前と本音を引き出せるよう事前準備（仮説）をていねいに段取りしておくことです。

3 構想STEP「分析2」──現場ヒアリングの極意とは？

私たちが実施したヒアリングは、対象者別に分けると、次の４タイプです。

☑ 生活者ヒアリング
☑ 交通利用者ヒアリング
☑ 関連事業者ヒアリング
☑ 有識者ヒアリング

ヒアリングを実施する上での最も重要な姿勢は、生活者発想の徹底です。マーケティング領域において、よくある失敗例として、「ソリューション発想」になってしまうことが挙げられます。厳しい言い方をすると、ヒアリングという名を借りた「ソリューション営業」になってしまうということ。あくまでも、生活者発想で、それぞれの立場での課題やニーズを、率直に引き出すことが重要。この大前提は、どのヒアリングにおいても同じです。

また、ノッカルの場合を例にとると、各ヒアリングの対象と目的は次の通りです。

- 生活者ヒアリング…朝日町の住民の方々の暮らしがリアルに感じられる場所で、地域性や住民性を理解すること。具体的には、生活インフラとなるスーパー・病院・地域施設などでヒアリングを行う。
- 交通利用者ヒアリング…地域交通の顕在／潜在利用者やその家族へのヒアリングで、利用者目線で見た際の地域交通の課題やニーズを整理していく。
- 関連事業者ヒアリング…地域の交通に関わる交通事業者や関連する商業施設など、MaaS運営に携わる可能性のある事業者を対象に、事業者目線での課題や懸念点などを整理する。また、先行するMaaS事業者へのヒアリングも積極的に実施し、協業関係の構築を目指す。
- 有識者ヒアリング…交通や都市計画の学識者、国土交通省の担当課、各自治体の交通担当課などを対象とし、法制度の課題や国や自治体の考え方などを整理していく。

このような「仮説↕ヒアリング」というステップを繰り返していくことで、自分たちのエゴにならない、地域に本質的に求められる「生活者発想でのサービス開発」を実現していきます。プロダクトアウト発想ではなく、マーケットイン発想の形でまとめることが多いのですが、今回のような社会課題に対するテーマを扱う場合には、さらに思考を拡張する必要があります。

それが、プロダクトアウト／マーケットインに対する、『ソーシャルイン発想』という考え方です。プロダクトを売ることでも、市場を形成することでもなく、社会の営みや課題を最重要視し、その解決策を模索する中で、プロダクトやマーケットが生まれるという考え方です。

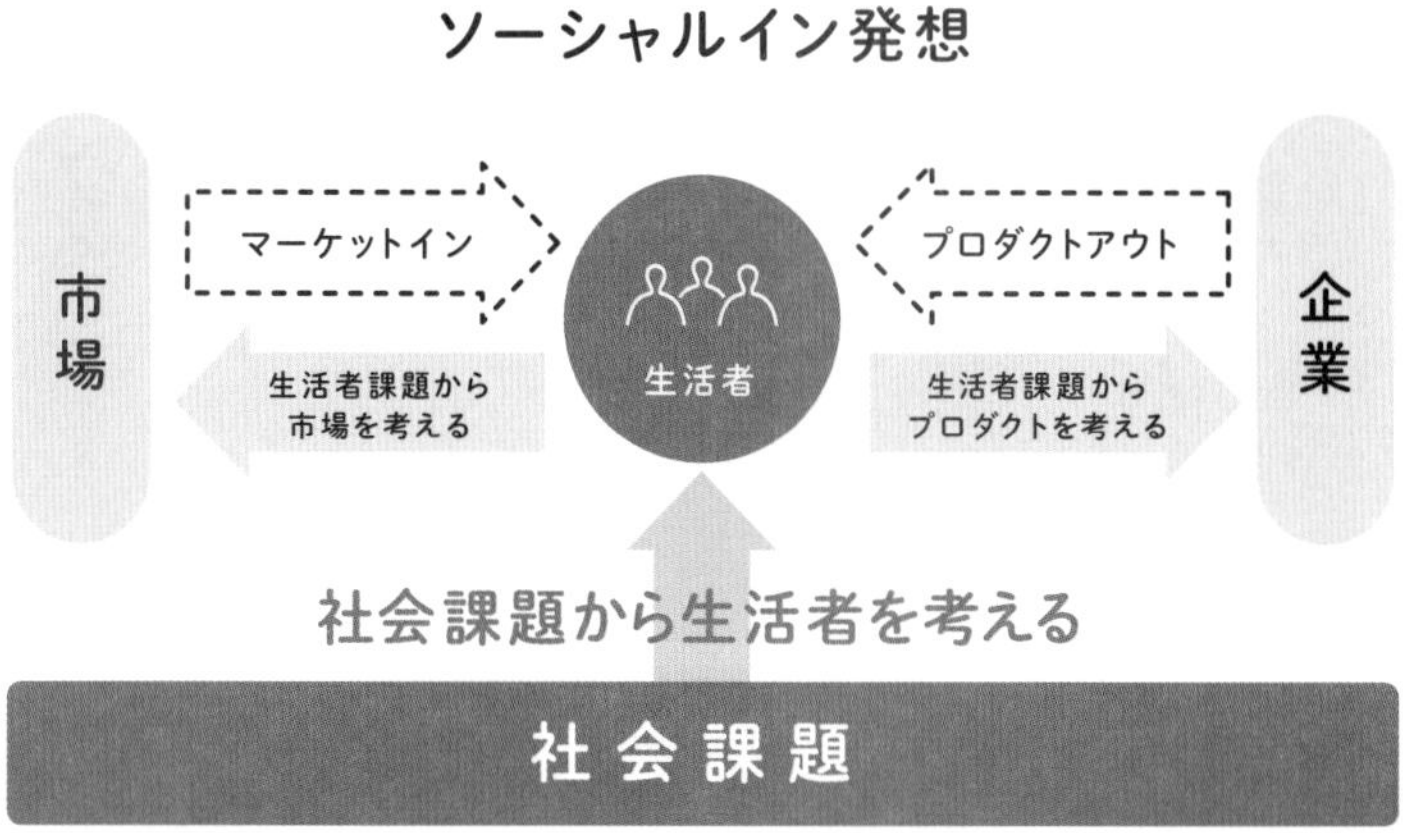

●ソーシャルイン発想

4

構想STEP「戦略プランニング1」——朝日町への0《ゼロ》次提案

環境分析やヒアリングで得た知識や現場意見をベースにした**戦略プランニング**が第2ステップです。基本的には、ヒアリングの御礼も兼ねて、**0《ゼロ》次提案**という形で、私たちが感じた課題感を共有し、具体的なサービスアイデアをご提案するステップです。

ただし、「実装」に向けた「構想」ですから、机上の空論を提案するのは逆に失礼にあたります。「ヒト・モノ・カネ」と、実際にサービスを開始・運用できる「体制・仕組み・費用」を想定しながら戦略立てすることが重要です。ここが抜けてしまうと、単なるアイデアやコンセプトの提案で終わってしまう要因になります。

当然ながら「体制・仕組み・費用」を考える際には、チーム内だけの戦略では準備できない部分も増えてきます。社内でのプロジェクト化とともに、プロジェクト運営費や開発費も必要になってきますし、実装を見据えた外部企業とのアライアンスなども考えていく上で、その第一歩となるステップになります。

実際に、ノッカルの開発においても、複数の自治体に対して各自治体の課題や人口規模に応じたモビリティサービスを提案しています。ノッカルを最初に実装した「富山県朝日町」での０次提案は、マイカー公共交通でも、地域交通の提案でもなく、域外交流人口向けの朝日町案内パッケージでした。朝日町は、北陸新幹線の駅からも近く、域外からの観光客もいるのですが、自動車がないと移動が難しいため、**観光向け／移住検討者向けのパッケージ**を提案しました。

その結果は…？

残念ながら、朝日町役場や地元の皆さん、交通事業者の方々の反応は非常に微妙なものでした。

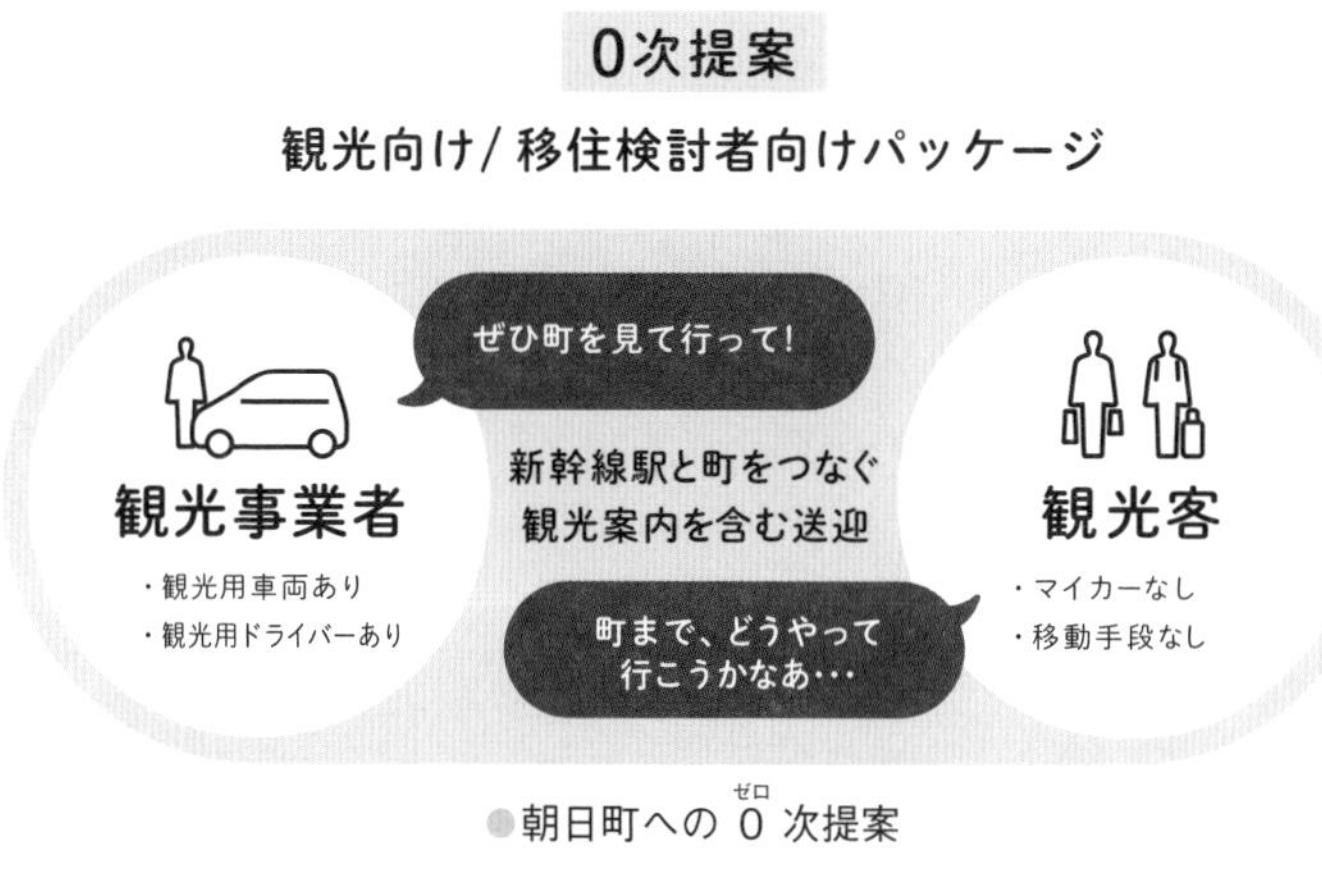
0次提案
観光向け/移住検討者向けパッケージ
ぜひ町を見て行って!
観光事業者
・観光用車両あり
・観光用ドライバーあり
新幹線駅と町をつなぐ
観光案内を含む送迎
町まで、どうやって
行こうかなあ・・・
観光客
・マイカーなし
・移動手段なし

●朝日町への０《ゼロ》次提案

●交流人口の取り込みは大きな課題だが、緊急性が高いのは地域内の移動問題
●極めて高い高齢化率を考えると、地域交通の維持自体に不安がある
●タクシーやバスも、ドライバー高齢化が進んでおり、成り手がいない
●免許返納者数も増えてきており、集落ごとに見ていくと交通空白地帯が目立つ
●バスや路線を増やすことも考えているが、コスト面を含めたハードルが高い
●運転に不安は出てきているが、クルマがないと生活できない

『本質的な課題は、既存の地域交通にこそあり、新しいMaaSを持ち込むのではなく、目の前の課題であるバスやタクシーの課題に向き合いたい。将来的には維持できない可能性も感じている。』というものでした。

じつは、この課題感は、事前のヒアリングの際にはほとんど出てきていなかったものです、地域交通の課題と外部事業者である私たちが結びつきにくかったことも要因かもしれません。つまり、外部の提案者に対して、本質的な地域交通課題を話しても意味があるのか？　解決につながる可能性なんてないだろう……というのが、朝日町の皆さんの本音だったのです。

逆に捉えると、外部提案者である私たちの役割やソリューションにこだわらず、朝日町の皆さんの声に向き合い、「0次提案」を行ったことで、皆さんと本質的な課題を話し合えるフェーズに到達できたのだと思っています。

5

構想STEP「戦略プランニング2」——全方位への正式提案

0次提案によって得た示唆はとても大きく、本当の意味で初めて、朝日町の皆さんの本音を聞く機会を得られました。すぐさま0次提案の内容を変更し、本質的に朝日町で求められる「地域交通」課題とは何か？　博報堂が提供できるサービスはどのようなものか？　これらをあらためて議論したことを鮮明に覚えています。他のエリアでの提案結果も踏まえて、MaaSの中で、博報堂が主体的に取り組むべき領域を定めていったのもこのステップです。

都市部の交通事業者が主体となるMaaSに取り組みつつも、地方部の社会課題である地域交通こそが、喫緊に取り組むべきテーマだと考えるようになったのもこのタイミング。日本の地域交通が抱える課題を、一般的なMaaSの4段階に合わせて、MaaSレベルマイナスと表現し始めたのもこのフェーズです。

そして、この地域創生を目指した、地域交通の再編を目指すMaaS開発こそ「ノッカル」

に直接つながる出来事で、社内でも地域創生MaaSプロジェクトとして、メンバーを集めていきました。自動車メーカー担当者、テクノロジー担当者、ビジネスデザイン部隊、マーケティングプラナーなど、有機的な体制づくりのためにさまざまな職種の人材が集まりました。

新メンバーとともに、地域交通に関する課題や国土交通省の方針など、市場環境を踏まえた上で、博報堂のMaaS戦略を構築するために、下図のように3つの具体設計を行いました。

ここで重要なのは、プロジェクトとして、MaaS領域でどのような戦略をとり、どのようなサービスを開発していくのかを、社内外に対して明確に共有することです。その戦略に合意を得られなければ、社内ですら体制構築や開発費の調達もできないですし、社外に対してもアライアンスやサービス開発に関する発注もできません。ノッカル開発においては、この段階で、ほぼ現在のノッカルの原型となる「マイカー交通」の型が

●MaaS戦略のための具体設計

できていました。

というのも、プロジェクトを推進していく上で最もキーとなる「地域交通に関わるコスト課題」に注目していたからです。地域の方々からすると、重要な移動手段である地域交通を持続的に運営していくためには何が重要か？　という視点で議論された結果だといえます。必然的に、地域のコスト負担が少ない地域交通ソリューションを開発する必要があり、地域のバスやタクシーとも共存するようなサービスを考えることが重要です。アライアンス先としても高度なテクノロジーを保有するMaaS企業ではなく、バスやタクシーなどの地域交通にシステムを提供している企業とアライアンスが組めないか？　ＰｏＣやシステム開発において、協業できないか？　を探っていきました。

同時に、初期段階から、地方部ならではのアセットとして、マイカーに注目していました。マイカーや一般ドライバーを核にすることで、地域交通のコスト高の要因となるドライバーや車両にかかるコストを下げ、コストメリットの高い地域交通ソリューションを目指すのです。

結果として、一般ドライバーでも運行しやすい、バス運行の定時定路線に近い運行形態を採用し、バス向けのシステムを提供する企業とＰｏＣに向けたアライアンスを提携しました。

こうして、すでに利用者の多かったコミュニティバスを補完し、タクシーとも共存できるようなサービス形態が完成していったのです。

6

構想STEP「実装プランニング1」——地域でのプロマネ

ここまでで、プロジェクトで目指すべきことや、サービスの大枠は決まっています。第3ステップとしては、PoC実装に向けて、より具体的なサービス設計を行い、サービス提供するために必要となるシステムの設計を行います。ノッカル開発では、大前提としてのコスト課題がありますので、PoCに莫大な予算をかけることはせず、あくまでもPoC用に既存のバス運行用のシステムを改修し、専門事業者に提供していただく形でPoCを設計しています。

その前に、このステップにおいて最も重要なことは、「サービス設計やシステム設計ではない」ということを強調しておきます。あくまでも、仮のサービスやシステムであり、今後PoC結果を踏まえて、新たにサービス設計し直すことを前提にプロジェクトは進行しています。

なぜなら、一番大切なのは、住民や地元の事業者の皆さんの「気持ち」だと考えるからです。外部事業者としてのアイデアを試したい、ソリューションを導入したいなどのエゴで扱っていい領域ではありません。生活リズムや生活のインフラが変わってしまう可能性も念頭におき、慎重かつ、柔軟性をもって、プロジェクトを進めることが重要で、これを**実装プランニング**と呼んでいます。

つまり、実装に向けて最も重要なのは、サービスを開発することではなく、その前段階にある「地域でのプロマネ」です。この場合のプロマネとは、現地でのプロジェクトを推進する「プロジェクトマネジメント」です。

実際に、朝日町の皆さんと一緒に推進した「地域でのプロジェクトマネジメント」は次のような項目です。

●地域でのプロジェクトマネジメント

☑ ＰｏＣ戦略設計…スケジュール、体制、コストなどのプランニングなど
☑ 地域公共交通会議…地元交通事業者や監督官庁との共創など
☑ MaaS 実証実験推進協議会…具体的なサービス方向性や体制の議論など
☑ 地元交通事業者とのアライアンス…バスやタクシーとの補完関係のプランニングなど
☑ 運行管理オペレーション設計…サービス全体での役割や具体オペレーションの設計など

まず、「ＰｏＣ戦略設計」では、ＰｏＣを目的にはせず、将来的な社会実装を目的にした場合、ＰｏＣのステップをどう設定するのか？　各ステップにおいて検証するポイントは何なのか？　サービスやシステムの検証なのか？　ユーザーやドライバーの検証なのか？　ＰｏＣの目的を明確化します。

また、ノッカル開発では、自治体が提供する行政サービスを念頭においていますので、「地域公共交通会議」での了承を取るとともに、自治体や博報堂だけでなく、地元の交通事業者なども一緒に運営する「MaaS 実証実験推進協議会」も発足し、国土交通省も含めたさまざまな

ステークホルダーの意見を聞きながら、開発を進めます。

そして、この実装プランニングで最も重要なのが、各ステークホルダーの皆さんが前向きにこのプロジェクトに取り組める土壌をつくれるのか？　だと考えます。

例えば、ともすれば競争相手となりかねない地元のタクシー事業者と、どうすれば共創関係をつくれるのか？「アライアンスの結び方」や交通事業者に担っていただく「運行管理オペレーション設計」などは、何度も議論し、バスやタクシーと補完し合い、共創関係をつくれるように、移動総量全体を上げるサービス実装を目指すのです。

7 構想STEP「実装プランニング2」――サービスでのプロマネ

プロジェクト全体の指針として、コスト課題を解決することを命題にしていますから、実現できるサービスやシステムにもある程度制限がかかってきます。さらに、この段階では、協働する事業者として、タクシーやバスを運行する地元交通事業者や、システム調達先としてバス運行システムを提供する事業者、サービス提供主体として自治体の交通専門部署が関わったプロジェクトになっています。

外部事業者である博報堂は、MaaS領域やDX領域の専門性はあるかもしれませんが、地域交通に関する知見は、実際に地域交通を運行されている皆さんと比べると全くの素人です。郷に入れば郷に従えをそのままに、既存の地元交通事業で洗練された仕組みを積極的に活用し、マイカーや一般ドライバーが担う場合の差異にだけ気をつけた設計をしました。具体的にいえば、すでに利用されているバスやタクシーの使い慣れた部分はそのまま継承する一方で、バス

やタクシーにはないような、

- 一般ドライバーが運行することでの安全性をどう担保するのか？
- バスにはない「予約」の考え方をどう反映させるのか？
- 一般ドライバーの移動予定がダイヤになる仕組みをどう運営していくのか？

などの固有部分に関しては、既存のシステムをベースにしながらも、最低限の改修や、ユーザー向け、ドライバー向けのＵＩ開発を行うことで、実証実験用のシステムを設計しています。

つまり、ここでいう「サービスのプロマネ」とは、プロダクトマネジメントのことであり、具体的なプロダクトとしてサービスやシステムを設計していくことになります。

☑ サービス設計
- 運行ルート設定
- ダイヤの設定
- ドライバーの設定
- 車両の設定

運行ルートや、ダイヤの設定は、既存のバスと共通あるいは補完する形で、使い慣れたバス利用を意識した設定にします。一方で、ドライバーや車両は、新たに住民の情報を登録する必要があるので、既存の公共交通にはない仕組みが必要になります。

☑ 運行システム設計

- システム調達（アライアンス）
- システム改修開発
- フロントＵＩ開発
- システム検証

全く新しいシステムを入れると、運営側もユーザー側も混乱するので、既存のバスシステムを転用することで、安定性の高い仕組みの構築を目指します。

一方で、バスシステムそのままではマイカー公共交通には使えませんので、適宜システム改修や、予約やドライバー向けのＵＩ開発を行いつつ、システムそのものの安全性や安定性の検証も行い、ＰｏＣを実施します。

この新たなマイカー公共交通は、運営側やユーザー側の視点（生活者発想）を強く意識し、あえて、既存の仕組みの使える部分は踏襲し、新たな部分だけを付加する形で開発します。特に、ＰｏＣ段階では、まだサービス全体の検証も終わっていませんので、過剰なコストをかけない設計が重要となってきます。

8

中央行政機関からのメッセージ

こども家庭庁・審議官
黒瀬　敏文

課題先進地・朝日町の地域活性化の取り組みに注目しています。

活性化の主役は地域、すなわち、地域の人材や資源であることはいうまでもありませんが、そこに、よそ者を含めた多様な知恵を持ち寄ることで新たな価値が生まれます。そして、そうした取り組みの成否を分けるのが、首長のリーダーシップと、プロジェクトのマネジメント人材です。

首長が明確な理念を掲げ、リーダーシップを発揮することは極めて大事な必要条件ですが、それだけでプロジェクトがうまく運ぶわけではありません。ここで大きな役割を果たすのがマネジメント人材です。

プロジェクトには時間や資金、人材などの適切な管理が求められますし、また何より住民や議会、自治会や諸々の活動団体など、地域内外のさまざまなステークホルダーの共感も勝ち得なければなりません。

要するに、マネジメント人材とは、地域が大事にしてきた価値観を理解し、行政と地域、さまざまな人材の間のよき通訳となれる人。ちょっとスーパーマンのような存在に聞こえるかもしれません。ただ、マネジメント人材は必ずしも一人である必要はありません。

朝日町の取り組みは、町長のリーダーシップに加え、経験豊かな副町長をはじめとする行政のプロや、企画力・機動力にあふれる民間人材が、陰に日向にプロジェクトの進行管理を実直に行う正攻法のチームづくりを行っている点でも注目に値すると思います。

当初、ノッカルをはじめとする朝日町のプロジェクトは、高齢者のモビリティという観点で注目していました。高齢者の社会活動と健康、生きがいは密接につながっています。ノッカルは人生１００年時代の高齢者の元気を支える足になります。

ただそれにとどまらず、人々をつなぐノッカルの発想は、地域のソフト・インフラになっていく可能性を直感させました。そして現にいま、「みんまなび」が展開されています。

子どもたちの育ちには、子どもたちが「居たい、行きたい、やってみたい」と思えるような居場所づくりがとても重要で、みんまなびを通じてそうした場がつくられ、世代を超えた交流が活発化すれば、老若男女問わず、自己肯定感、健康、生きがいなどの「好循環の起点」となり得るものと考えます。

地域活性化に成功の定石などありません。ですから、自分たちでとにもかくにも行動を起こすこと自体に価値があると考えます。ただ、せっかくのチャレンジを「やってみた」で終わらせないためには、柔軟なアジャイルの発想が不可欠です。朝日町の取り組みもさまざまな試行錯誤を重ねて現在地に到達しているものと承知しています。新たなエコシステムが根付くためには、人間や地域の本性（本能）に根差したものでなくてはならないでしょう。みんなまなびのようなプラットフォームを通じて、参加する人たちの好奇心、提供する人たちの自己有用感を目覚めさせ、あとは放っておいても、ごく自然に活動が拡がっていく、そんな日が訪れることを心から願っています。人々の「つながり力」こそ町のパワーの源なのです。

さりげなく温かくつながり、住民一人ひとりがウェルビーイングを感じられるコミュニティの実現。そんなチーム朝日町の皆さんの壮大な挑戦に、引き続き注目していきます。

第 6 章

『地域創生 MaaS』マニュアル
【いよいよ実装編】

1 地域に根ざしたサービスを設計する

前章に引き続き、日本初のマイカー公共交通サービス「ノッカル」を開発した際の具体的なサービス開発工程の棚卸しをしてみます。開発ステップは、大きく2段階に分かれ、前章でご紹介したのは、環境分析や現地ヒアリングなどを重ねて戦略を立てる『構想』領域から、実装に向けた戦略や実装プランニングの領域についてでした。本章では、構想を現実社会でプロダクトやサービス化していく『実装』領域でのステップをご紹介します。

『実装』領域は、当然ながら、実エリアでのサービス導入がメインですから、気をつけるべきポイントも増えてきます。また、単なる実証実験で終わらせるのではなく、社会実装していくことが重要ですから、実際にサービスを運用する事業者、実際にサービスを利用するユーザーの視点に立った、プロジェクトマネジメントも必要です。

最初に、外部のサービス開発事業者として、ノッカルの社会実装を行った際に、最も重要視したポイントをまとめておきます。

- 地域に馴染むサービス設計か？
- 地域の事情に合わせた柔軟なサービス開発体制か？
- 地域が積極的に推進したいと思えるサービス提供体制か？

すべてに「地域」というワードが含まれていますが、日本の社会課題の解決を目指し、課題先進エリアと位置づけた「朝日町」での社会実装を行いました。既存プロダクトの延長線上で実施した実証実験とは大きく異なり、実証実験で見えた地域の課題に合わせてサービスやシステムをゼロから組み直します。まさに、プロダクトアウトではなく、ソーシャルインの姿勢です。そして、実際に、ソーシャルインの開発を実現するには、サービス設計、サービス開発体制、サービス提供体制、すべてにおいて、地域の課題を大前提としたプランニング、地域の皆さんや事業者の皆さんと共創したサービス開発が求められます。

次節以降、「実装ＳＴＥＰ」の説明に移ります。次の図は実装ＳＴＥＰの全体像と流れです。

2020年8月〜	2021年1月〜	2021年10月〜
実装STEP1 「無償実証実験」	実装STEP2 「有償実証実験」	実装STEP3 「ようやく社会実装」
新サービスのローンチ	社会実装に向けたサービスの現実解	実運行・実運用へ向けたサービス／システム開発
・ケーブルテレビや回覧板での認知UP作戦 ・自治会ごとの出張説明会の実施 ・ユーザー候補への個人宅訪問の実施	・料金や決済方法の決定 ・サービスやシステムの決定 ・利用ルールの決定	・運行管理システムの開発 ・ドライバー向け/ユーザー向けシステムの開発 ・サービス提供体制の確立
ユーザー視点／運用者視点でのサービス設計	ビジネス視点でのサービス／システム検証	持続的なサービス運用体制の構築
・個別ユーザー視点でのサービス設計 ・個別ドライバー視点でのサービス設計 ・運行管理視点のサービス設計	・ビジネススキームの決定 ・社内でのビジネス開発体制の整備 ・世の中への露出拡大／ビジネス検証	・持続的な運用予算の獲得 ・持続的な運行ドライバーの確保 ・持続的な利用ユーザーの確保

● ノッカルの実装STEP

2
実装STEP「無償実証実験1」――新サービスのローンチは「地域ごと化」から始める

開発当初は、日本全国を探してもマイカーを活用した公共交通は事例がなく、国土交通省の事業者協力型の自家用有償旅客運送は、ノッカルが初の事例でした。当然、テスト段階のサービスで料金をいただくことはできません。最初は無償での実証実験を行い、地域の皆さんに知っていただくと同時に、地域に馴染むサービスを設計していきました。

既存の公共交通の利用者は、学生や高齢者が中心で、マーケティングコミュニケーションが通用しにくいターゲットです。日本初の新しい交通サービスが「ナニモノか？」を伝えること自体が難しいのです。

必要なのは、いかに自分ごと化してもらえるか？　とにかく地道に地道に、移動に関する困り事を聞いたり、ノッカルのサービス概要をていねいに説明してまわりました。主に実施したのは、次の3施策です。

☑ ケーブルテレビや回覧板での認知度ＵＰ作戦
☑ 自治会ごとの出張説明会の実施
☑ ユーザー候補への個宅訪問

いくら公共交通で行政が提供するサービスといっても、マイカーを使ったものです。一番の課題となるのはその信頼性や安全性です。民間事業者がよく利用する広告やチラシを利用するのではなく、行政からの発信を徹底し、ケーブルテレビの自治体提供枠や自治会ごとの回覧板を活用し、ノッカルという新サービスの開始や概要をお伝えしました。ただ、これだけでは、ドライバーやユーザーは集まりません。前例がないため、誰が何をどうすればいいのかが、わからないのは当然です。

このステップで、最も重要だったのは、自治会や民生委員の皆さんの集まりや、各公民館での寄り合いなどに地道に参加させていただいたことです。移動に関する困り事をヒアリングしつつ、ノッカルという新しいサービスをお知らせし、興味を持った方には、その場で利用者登録もしていただきました。民生委員の皆さんは、各集落において移動難民になっている皆さんを個人単位で把握されています。また、バスなどの公共交通への改善要望を出されている地域もあり、まさに、ノッカルの実ユーザーの顔が見えてきた活動でした。「ナニモノ」かわからない新しいサービスが、地域ごと化されていき、ローンチに向けて走り始めたのです。

さらに、実際にノッカルを使ってみたいという方々へは、自治体職員が中心となって個宅訪問も行い、実際に利用するときのイメージや、現状での移動方法、公共交通を使うにあたっての課題などをヒアリングしています。このときの具体的な意見

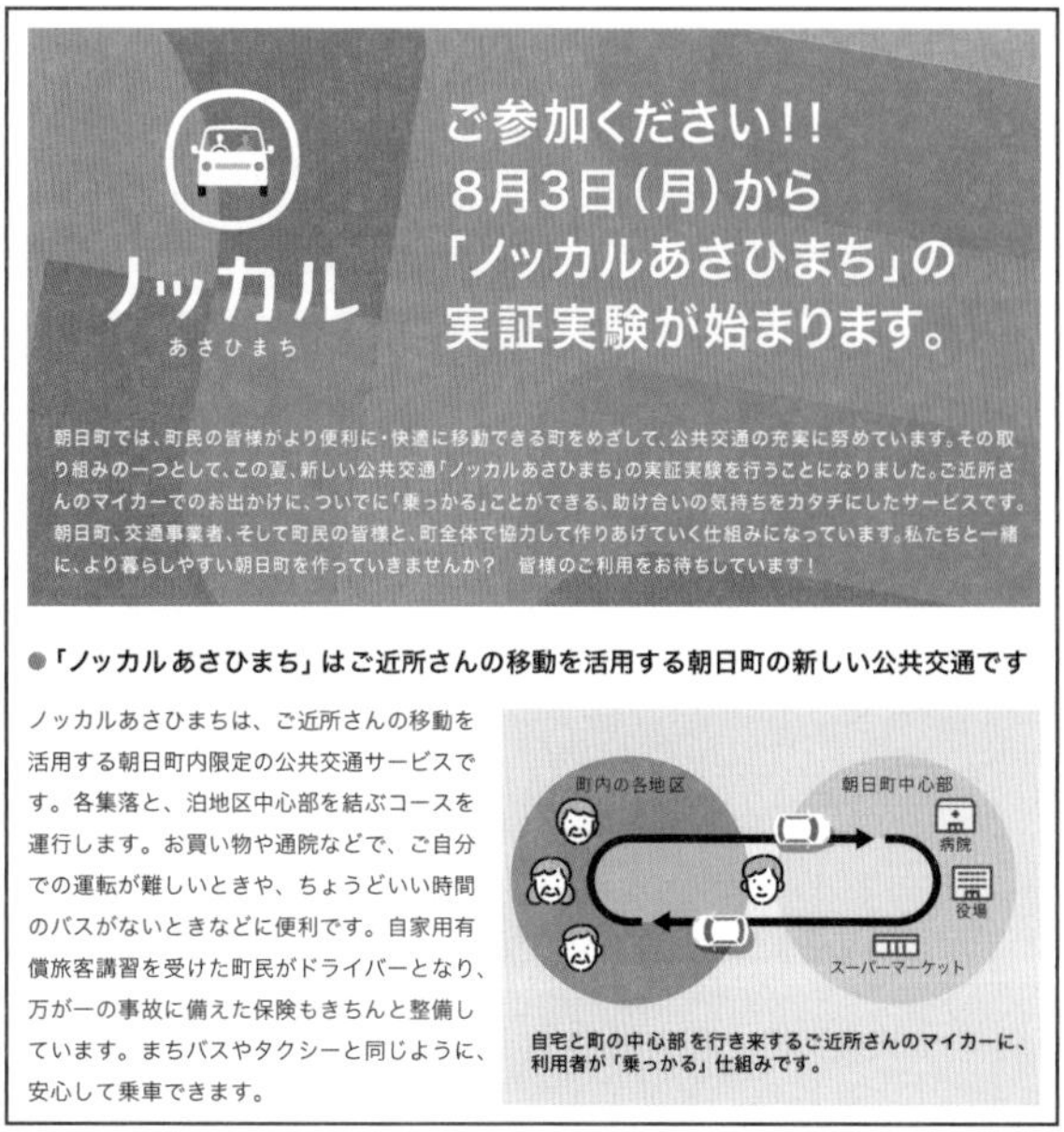
ノッカル
あさひまち
ご参加ください!!
8月3日(月)から
「ノッカルあさひまち」の
実証実験が始まります。
朝日町では、町民の皆様がより便利に・快適に移動できる町をめざして、公共交通の充実に努めています。その取り組みの一つとして、この夏、新しい公共交通「ノッカルあさひまち」の実証実験を行うことになりました。ご近所さんのマイカーでのお出かけに、ついでに「乗っかる」ことができる、助け合いの気持ちをカタチにしたサービスです。朝日町、交通事業者、そして町民の皆様と、町全体で協力して作りあげていく仕組みになっています。私たちと一緒に、より暮らしやすい朝日町を作っていきませんか？　皆様のご利用をお待ちしています！
「ノッカルあさひまち」はご近所さんの移動を活用する朝日町の新しい公共交通です
ノッカルあさひまちは、ご近所さんの移動を活用する朝日町内限定の公共交通サービスです。各集落と、泊地区中心部を結ぶコースを運行します。お買い物や通院などで、ご自分での運転が難しいときや、ちょうどいい時間のバスがないときなどに便利です。自家用有償旅客講習を受けた町民がドライバーとなり、万が一の事故に備えた保険もきちんと整備しています。まちバスやタクシーと同じように、安心して乗車できます。
町内の各地区
朝日町中心部
病院
役場
スーパーマーケット
自宅と町の中心部を行き来するご近所さんのマイカーに、利用者が「乗っかる」仕組みです。

ノッカル開始時のチラシ

や要望は、サービス設計にもしっかり反映させ、具体的な乗降場所の決定やダイヤの決定など、サービス詳細を詰めるにあたっても、大変重要なステップといえます。これは、生活者発想を貫き、本当に必要な要素を見極め、地域の利用者に馴染むサービス設計を行う根幹だと思います。

前頁の図は、『ノッカルあさひまち』開始時に、朝日町の広報誌に掲載されたPR文です。この段階では、あくまでも実証実験の参加を呼びかけるものでした。「ノッカル」というネーミングや、このようなチラシは、博報堂としてのクリエイティビティが発揮された部分かもしれません。しかし、サービスができても、実際に地域の方々に知ってもらうことや、使ってみたいと思ってもらう設計までやりきることが重要です。

3
実装STEP「無償実証実験2」――サービス改修は個別最適化の積み重ね

地域の皆さんにノッカルの構想を知ってもらい、実証実験への参加をお願いしていく中で、多くのエリアやユーザー候補の皆さんとお話をしました。サービス設計において、机上の空論ではなく、リアルなご意見を聞く機会を得ることは最大の収穫で、最も重要なことは、この意見をサービスに反映していく体制を組むことです。前提として、この実証実験段階では、サービスを固めることはせずに、システムも外部から調達する形でプロジェクトを進めています。実際に、バスに使われる信頼性の高いシステムを活用し、マイカーで運用できるように部分的な改修を実施しました。実証実験用のシステムを構築することで、コスト面でも体制面でも、柔軟性の高い開発を実現できています。

個別ユーザー視点でのサービス設計

普段はバスを利用される高齢者の皆さんに話を聞くと、バスのダイヤや停留所の場所に関する要望が出てきます。実際にバスのダイヤ設定を見てみると、午前と午後に各1本しか便がなく、午前中にお出かけしても帰りのバスは夕方まで待たなければならないので、行きはバス、帰りはタクシーで帰宅するといった、既存交通の課題も見えてきます。

例えば、お買い物に行く際に、近くに住む知り合いに送迎してもらっているおばあちゃんは、「毎回毎回、わざわざ家まで来てもらって、スーパーまで送ってもらっているので申し訳ない。送ってもらっているお礼をしているものの、なかなか何度も何度もは頼みにくい」と言います。

このような個別の「移動課題」や「心情」は、サービス設計においても最も重要な視点です。より具体的な指摘に対応できるサービスを形づくっていくことで、ソーシャルインのサービス開発が可能になります。

個別ドライバー視点でのサービス設計

同様に、個別ドライバーへのヒアリングも、重要な示唆に富んでいました。実証実験段階で活用したシステムはバス運行に関するシステムだったため、プロドライバーが運行することが大前提です。ノッカルのドライバーは一般のマイカードライバーですから、人を送迎するサービスを運行することは当然初めてです。安全安心な運行以外にも、具体的な運行時間やルートの伝え方など、ドライバー専用の仕組みが必要になります。実証実験段階では、無償運行だったため、テストドライバーの方に運行していただき、安全安心な運行に必要な要素を、一つずつ詰めていくことが目的でした。

最終的に、ドライバー専用のネイティブアプリの開発時には、法律面への対応や安全性の担保の他、マイカー公共交通ならではの専用機能の搭載には、ドライバーからのデータが活かされています。ノッカルは、マイカードライバーの参画が必須ですから、「いかにドライバーの運行負荷を軽減できるのか？」を課題にしながらサービスを設計します。

運行管理視点でのサービス設計

ノッカルは、事業者協力型の自家用有償旅客運送ですから、朝日町内の交通事業者に運行管理を行ってもらっています。交通事業者のアセットやノウハウを活かしながら運用します。ノッカルの場合、バックエンドのシステムは完全にデジタル化し、電話予約であってもオペレーターがシステムに予約情報を入力する必要があります。この予約情報をドライバーは専用アプリで受け取り、実際の運行情報も記録されていく仕組みにしています。電話予約を受けるオペレーターには高齢でデジタルに慣れていない方もいらっしゃいますし、バス運行やタクシー運行もデジタルではなく紙ベースでの運行管理がメインでした。ノッカルの導入にあたっては、スマホを持っていないオペレーターでも、問題なく使えるように、UIUX（ユーザー向けのデザインや体験設計）を含めた運行管理の仕組みも見直す必要がありました。

このように、構想段階のサービスは、実証実験で具体的な声をお聞きする中で、徐々に改善させ、最終的なサービスやシステム設計に反映させます。毎週の定例会で、アジャイル型のサービス開発を行うことで、システム面も含めて柔軟に改修していける体制の構築も、非常に重要なポイントです。

4
実装STEP「有償実証実験1」
——社会実装に向けたサービスの現実解

無償実証実験では、料金をいただかずに、サービスの理解や改善に加え、運用体制のチェックなど、社会実装するにあたっての最低限の仕組みを整えました。次の有償の実証実験フェーズでは、「ユーザーの皆さんから料金をいただくビジネスとして成り立っていくのか？」に重きを置いて、実証を行っていきました。

ここでは、本章の冒頭で挙げた「地域が積極的に推進したいサービス提供体制になっているのか？」が重要になってきます。各ステークホルダーの役割を規定していく中で、コストや売上の配分や、体制や人材に対する負担など、皆さんが積極的に参加する意義のある仕組みをつくっていくことが必要です。

有償化する際には、無償の実証実験時と同様に、地域公共交通会議での議論が必要になってきます。朝日町では地元の交通事業者も含めた「MaaS 実証実験推進協議会」も立ち上げて、地域として公共交通をどう再編していくべきかを考えていきました。

当然ながら、有償と無償で大きな差異になるのは「料金設定」や「決済方法」になります。実証実験におけるノッカルのユーザーは、80代以上の高齢者が多く、そもそもスマホも保有していませんし、朝日町全体にデジタル決済が普及していない状況でした。ここで大きな決断が必要でした。地域に馴染む設計として、地域の皆さんが使い慣れているバス券を活用することです。バスに乗る

ノッカル有償実験時のチラシ

ときには1枚必要、ノッカルに乗るときには3枚必要などのように、なんら新しい仕組みを入れてないことがキモなのです。

当然、決済方法もデジタル化しておらず、ドライバーはバス券を受け取り、一定程度貯まった段階で、役場にて地域商品券に換金できます。この仕組みを採用したのは、私たちの狙いというよりも、ドライバーの想いを優先した結果でした。現金を受け取ることへの抵抗感や管理の難しさなどをクリアにし、ドライバーに無理なく参加していただける形に落ち着いたのです。

次に、サービスやシステムですが、無償実験において利用者ニーズや決済方法が固まってきたことで、ある程度開発の方向性も決まってきました。

この段階で、ノッカルあさひまちに最適化したサービス／システムをゼロから組み直していきます。ダイヤやルート設計といった細かな変更に始まり、最も大きな変更は、一般ドライバー向けの「ドライバー専用アプリ」を新たに開発したことです。当然ながら、プロドライバーと違う一般ドライバーですから、運行する際にどうしても発生してしまう運行忘れや安全面などの不安を、デジタル化されたシステムでカバーするもの。最終的なサービスやシステム設計もこの段階で大きく見直しています。それを受けて、ノッカルのシステムは、WEB管理システム、ドライバーアプリ、ユーザー予約ＬＩＮＥなど、それぞれの利用者に最適化した形で、完全オリジナルの開発を行うことにしました。

それと同時に、サービスの利便性を決定づける利用ルールも定めました。ノッカルあさひまちの料金は、朝日町役場や、地元の交通事業者との協議の結果、バスとタクシーの中間の料金を意識し、１回乗車で６００円（バス券２００円を3枚分）、乗り合いが発生した場合は４００円に設定しています。この料金設定に従って、サービスの利用ルールもバスとタクシーの中間程度に設計しています。システム上は、タクシーに近いルール設計も可能ですが、あくまでも、「バス×タクシー×ノッカル」の共存共栄を重要視しており、タクシーのような即時配車はせずに、前日の17時までの予約を必須にしています。

また、バスも同時利用できるよう、ダイヤは、バスの運行がない時間を中心に設定し、乗車場所もバスの停留所と共通のものを使っています。一方で、ドライバーがご近所なので、降車場所などは、ある程度自由に指定の場所で降りられるようにするなど、柔軟な対応が可能な設計にしています。

5 実装STEP「有償実証実験２」──ビジネス視点でサービス／システムを検証する

有償実験の段階にくると、現実的にサービスを導入し、持続的に提供していくためのスキームを考える必要があります。無償実証実験の段階では、システムに関しては外部ベンダーから調達し、改修する形で利用していましたが、個別ユーザーへの最適化や法律への対応など、さらなる改修が必要な状況になります。コスト面では、利用料や改修費用を負担し続けることは難しいため、オリジナルのシステムを開発し提供する形でのビジネス設計を基本として考えなければなりません。実際には、オリジナルシステムを設計していくうちに、当初のベースシステムとは全く異なるシステム構成になりました。しかし、いまではノッカルだけでなく、デマンド交通やタクシー型運行にも広く活用できる形での、システムの提供体制を構築できています。

地域交通は全国的に、赤字運営や税金投入など、コスト面での課題が非常に大きくなっています。私たちが公共交通の再編に向けた取り組みを実施している他の複数の地区でも、自治体や国の税金負担によって運営されている地域交通がメインで、ほぼすべてが赤字運行です。ノッカルやデマンド交通の導入にあたっても、導入コストや運用コストを抑えていくことは至上命題であり、システム費が必要な状況になったとしても、全体の事業コストを削減するようなソリューションである必要があります。

博報堂の社内でノッカルのシステム開発に関する上申に合わせて、ビジネス戦略を立てる際、当然ながら、1自治体に対するシステム提供費用は限定されます。「導入する自治体数を増やす」「ノッカル以外の地域交通にも導入・活用できる」「地域交通全体の再編をコンサルティングする」など、ノッカル単体で終わらない拡張性・汎用性のある設計が必要になります。

本業である、マーケティング領域でのビジネスや、クライアント企業とのビジネス、得意領域への還元など、ビジネス設計も考える必要がありました。まさに、この領域は、「構想ステップ」で述べたような、MaaS 領域での戦略を描くこと、競合および先行企業のビジネスモデルやビジネス課題への知見が改めて活用できるステップです。

朝日町での実証を進めていたノッカルですが、この段階になると、今後のビジネス展開を踏まえた上でも、社会的な露出を拡大していくことも重要になります。自治体の皆さんが集まるセミナーへの登壇や、経済誌への露出など、積極的に私たちの考え方やノッカルの仕組みをお話しする機会も増やしていきました。当然ながら、公共交通のサービス設計やシステム提供は初めてのことですから、社内外からさまざまな反響をいただきました。応援や、鋭いご指摘のやり取りの中から、ノッカルとともに私たち自身も鍛えられたように思います。

同時に、これから第7章でお話しするような、「ノッカルに付随する移動を促すサービス」「ノッカル単体では足りないビジネス視点」「公共交通の業界でテーマになっているトレンド」など、交通領域に閉じない、社会全般の要請にも目を向けた開発を進めていくことになります。

そのような流れから、ノッカルの実証実験は、国交省の日本版 MaaS の推進・支援事業に選定いただいただけでなく、朝日町全体の活性化施策が、デジタル田園都市国家構想の推進事業に認定いただくなど、このプロジェクトは公共交通にとどまらない領域へと拡張・成長していきました。

6

実装STEP「社会実装1」——実運行・実運用へ向けてサービス／システムを開発する

ここからは実証実験ではなく、朝日町役場が提供する公共交通サービスとして、正式にノッカルが運行を開始するフェーズのお話しです。スケジュール経過でいうと、次のとおりです。

2020年8月（無償の実証実験を開始）➡2021年1月（有償の実証実験を開始）➡2021年10月（正式な公共交通として採用）の流れです。

ただし、運行自体は時系列でずっと続いていたので、スムーズに各フェーズへ移行するために、裏側の開発ステップ自体は並行するという、まさにアジャイル型の開発が必要でした。

ノッカルのサービス自体は、初期の構想どおりに、「ご近所の送迎ついでの公共交通化」という形で社会実装しました。しかし、システム設計は当初の目論見とは大きくかけ離れて、マイカー公共交通やデマンド交通に幅広く対応できるオリジナルシステムを開発するに至りました。地域の皆さんが主体となって、コストをかけずに運用できるサービスを目指すことができれば、かなり最適解に近い形での開発ができると確信しています。

　システムの全体像は下図のとおりですが、基盤となる運行管理システムは、「停留所」「コース」「ルート」「車両」など、公共交通としての運用を成り立たせるために必要なもので、交通事業者が使い慣れたバスやタクシーの管理システムに準じた設計をしています。デジタル上でのドライバーやユーザーの情報は、この管理画面に自動に入力されるのですが、一部の電話予約などでは、オペレーターがこの管理システムに手入力の形で情報を入れ込むこともあります。

　次に、スマホを使いこなせる60代までの方がドライバーには多いので、ドライバー向けのシステムは、スマホ上のネイティブアプリとして提供しています。アプリベース

ノッカルのシステム構成

で、運行情報が記録できるだけでなく、シフトの登録（ユーザー側から見ると運行ダイヤ）や、予約内容の確認が可能です。また、法制度への対応という側面でも重要な要素になっており、運行にあたってのアルコールチェック機能や、運行管理者への連絡など、一般ドライバーが公共交通を運行する際に必要な機能を複数盛り込んでいます。

そして、ユーザー向けのシステムは、高齢者が使いやすい形に収斂《しゅうれん》させていく中で、LINE予約サービスの開発に至りました。基本的にはメッセージ機能を使わずに、ボタンを押していくだけで予約が可能な仕組みにしており、同じコースや同じダイヤの利用者にとっては、前回の利用履歴をトレースするだけで簡単に予約ができるようになっています。

しかし、現在のノッカルのヘビーユーザーは80歳を超える方々も多く、スマホは持っていない方が大半で、LINEではなく、電話予約が多いというのが実態です。一方で、70代以下の方々はスマホ／LINE利用者も多く、この先5年や10年の中長期ではデジタル上での予約が増え、オペレーターの業務量も軽減されると予測しています。

7 実装STEP「社会実装2」――持続的なサービス運用体制を構築する

これまでMaaSなどの新たなモビリティサービスは、実証実験で終わることがほとんどでした。「おたくらにとっては実験かもしれないけど、私らにとっては、実験じゃなくて生活が変わることとなんだよ」。私たちがノッカルの開発直後から、町の皆さんにかけられた言葉です。「実証で終わらせるのではなく、実装するんだ。地域で持続的に運用できるサービスに仕上げるんだ」という想いは、ノッカル開発においての私たちの共通理解でした。

そもそも、MaaSなどの新領域サービスに実証実験で終わるものが多い理由は、実証実験のための推進費が、公的な助成金や民間の投資資金などに依存する傾向があるからです。実際に、民間が投資する形で募集したMaaS開発の取り組みは、実装に至ったものが1件もなかったという結果を耳にします。社会実装を見据えた上で最も重要なのは、初期の開発資金ではなく、継続的な運用費の調達なのです。特に、行政サービスの場合は、予算申請や議会などの承認も必要になってきますし、開発段階から運用費の目処をつけながら、コスト負担の検討が必要です。

地域交通の維持は、該当地域の負担だけでなく、エリアによって総務省の地方交付税等で賄われている場合などもあり、その予算確保にはさまざまなパターンがあります。ノッカルは、地域交通にかかる予算を削減するソリューションとして位置づけていますが、最初から既存の交通を代替するような大きな変化は望みませんでした。現状の交通網が維持できなくなったときや、未来への不安を感じる際に、安価に導入できるソリューションとして活用し、将来に備えるセーフティネットという視点が重要です。地域の皆さんが地域の公共交通を考えるきっかけとしての役割を担えるとありがたいと考えていました。

ノッカルは行政サービスでありながら、「地域の、地域による、地域のための、マイカー公共交通」ですから、地域の皆さんの協力なしには成り立ちません。一般ドライバーに、ノッカル運行に協力していただくことが大前提になります。サービスやシステムを完全に揃えたとしても、地域のドライバーの協力なしには、ノッカルは運行できません。また、継続的にノッカルドライバーを募集する仕組みは重要です。自治会や民生委員を通じての募集や、自治体ＯＢ

やＰＴＡ、ライオンズクラブや青年会の皆さんの協力などを得ながら、地域を支える皆さんと一緒にドライバー募集を担っていく仕組みづくりをしています。

実際にドライバーになっていただいている方には、安全運転講習とともに、ノッカル運行専用の保険も用意しています。さらに、アルバイトのような感覚で移動予定をシフト入力するＵＸ（ユーザーエクスペリエンス：利用者の体験設計）を整備するなど、ドライバーの負担軽減を重要視した設計を徹底しています。

同様に、継続的にユーザーを募集する仕組みづくりにも力を入れています。

じつは公共交通は、利用する人と利用しな

●ユーザー＆ドライバー募集チラシ

い人がきっぱりと分かれがちです。同じ地域でもマイカー移動される方は、ダイヤはもちろん、バス停の場所すら知らない方も多いです。そんな地方では、公共交通はますます遠い存在になってしまっています。

ノッカルは、コミュニティモビリティとして、地域の皆さんで公共交通のあり方を考えるきっかけにもなっている仕組みです。60代前後のドライバーは、10年後にはユーザーになっているかもしれません。朝日町では、70代の人口が全年代で一番多く、今後、免許返納しマイカーを手放すことで、公共交通の利用者は急激に増えると予測されています。ノッカルを入口に、コミュニティバスやタクシーなどの公共交通全体の利用も促進し、自由に移動でき、自由に住みたい場所に住めるような町づくりに貢献したいと考えています。

8 交通事業者からのメッセージ

有限会社黒東自動車商会・社長
近江　順治

黒東タクシーの正式な社名は有限会社 黒東自動車商会です。富山県を流れる黒部川の東側地域を「黒東《こくとう》地区」と呼び、それにちなんだ社名としています。黒東タクシーは朝日町内唯一の交通事業者で、縁あって「ノッカルあさひまち」の運行管理を請け負うことになりました。

現在、朝日町において黒東タクシーが担当しているのは、タクシーとコミュニティバスの運行や、北陸新幹線「黒部宇奈月温泉駅」と朝日町をつなぐ定額型タクシー「あさひまちエクスプレス」の運行、そして「ノッカルあさひまち」の運行管理の4つです。

昨今のタクシー会社の事業運営はとても厳しい状況にあります。その一番の原因は従業員が集まらないという問題です。この最大の要因である、「給与水準」が上がらない限りいまの状況は打破できません。そしてこの交通事業者における従業員不足は、地域に交通空白を生じさせることにつながっています。朝日町内唯一の交通事業者である我々は、その課題を解決したい想いと、それを実現できないもどかしさを同時に抱えています。

そんな中で博報堂さんと出会ったのが2019年でした。朝日町役場の職員と一緒に「ノッカルあさひまち」を構想されている時期で、その実現に向けて交通事業者である我々の協力が必要ということで話をしに来られました。私がその要請に応えようと思ったのは、「町民同士の助け合いで地域交通を豊かにする」という理念が素晴らしいと感じたからです。我々だけでは解決できない問題を、地域の互助の力で解決していこうとする考え方は、これからの社会の中で必要不可欠な姿勢で、「これには乗っからないといけない」という想いでお手伝いをすることに決めました。

「ノッカルあさひまち」では運行管理という形で協力しており、予約管理や運行前のドライバー点呼などを担い、乗車料金の一部が黒東タクシーに入る仕組みになっています。ただし、もともと乗車料金が安価に設定されているため、この運行管理単体で事業が成り立つわけではありません。我々が事業者として生き残っていくためには、本来のタクシーの運行事業で利益を出していくことが必至となります。そしてそれは、今後も黒東タクシーが「ノッカルあさひまち」の運行管理をし続けていくこと、ひいては朝日町の地域交通を持続させていくためにも必要なことだと捉えています。

私は、「ノッカルあさひまち」の利便性が上がっていくことが、今後の朝日町の交通全体を活性化させ、持続的な地域交通をつくる鍵になると考えています。タクシーやバスの運行量を上げていくためには一定のコストが必要なので、簡単なことではありませんが、ノッカルは違います。町民の協力を得られれば量を増やしていくことができるのです。「ノッカルあさひまち」がいまよりも便利になって利用者が増えれば、町民がもっと積極的に移動し、生活自体が活性化していくと思います。そうすると、また新たな移動需要が生まれ、相乗効果でタクシーやバスの利用が増えれば、地域交通全体の利用総量が増える、という考えです。

また、朝日町内での移動手段が良くなっていけば、観光客が増えることも考えられます。朝日町には「春の四重奏」※という観光資産もあるので、地域交通の利便性が高まり観光客の受け入れ体制を強化することができれば、我々交通事業者だけでなく地元の事業者や商工会など、町全体が潤っていくと思います。そんな未来を見据え、まずはノッカルが便利になり、町民の動きを増やすことが大事だと思っています。

当初、博報堂さんについては「東京の大きな会社」ということくらいしか知りませんでしたし、正直なところ、ここまで朝日町に通い詰めてくれる人たちだとは思っていませんでした。

一方で、どれだけ町に足を運んでも、地域交通の課題は簡単に解決できる話ではなく、まだまだ課題は山積みです。私は、企業というものは事業がうまくいかなくなれば撤退する、というのが世の常だと思っていますが、博報堂さんに限っては、いまのペースでどんどん朝日町を先導していってもらい、継続的に取り組んでいただくことを期待しています。

※朝日町「春の四重奏」…春になると、朝日岳・白馬岳を背景とした残雪の山麓に、桜並木、菜の花畑、チューリップの花畑があたり一帯に咲き誇り、色鮮やかな景色を楽しむことができる。日本国内だけでなく、海外からも多くの方が訪れる観光名所。

第７章

朝日町モデルで目指していることは「日本再生」！

1　地域による共助共創型サービス

ノッカルの開発思想である「共助共創型のサービス」をベースとして、交通とは異なる他領域に拡張した事例をご紹介します。

ノッカルは、地域交通再編という大きな課題に対して、行政や地域の運用コストを極力抑えるために開発した、日本初の「マイカー公共交通」でした。サービスのコアアイデアは、地方ならではの「マイカー文化」や「コミュニティ文化」をアセットとして捉え、地域住民の「助け合いの気持ち」を公共交通化したことです。博報堂つまり外部事業者は、地域にとってはヨソモノですから、外部から余計なものは持ち込まない（＋余計なコストはかけない）サービス設計を心がけ、地域のアセット（ハード）をフル活用するためのサービス（ソフト）設計に専念しました。

ノッカルを最初に導入した富山県朝日町では、移動アセットとして圧倒的な量を誇るのがマイカーです。具体的には、朝日町におけるモビリティの台数は、コミュニティバス3台、タクシー９台、マイカー８０００台以上です。朝日町の交通を考える際には、マイカーは超絶豊富なアセットであることは一目瞭然です。客観的に捉えると、マイカーを活用する交通計画は、いわば当たり前のことのように思えます。一方で、この豊富なマイカーアセットを活用できる法制度や仕組みがなかったことも事実で、従来の考え方や常識に囚われない地域交通のＤＸ事例といえます。

　現代の地域交通において最も重要なことは、地域課題に応じて、持続可能な交通のあり方を考え、最適な交通を導入することです。ノッカルは地元行政が提供し、地元交通事業者が運行管理を行い、地元住民がマイカーでドライバーを担う、地域コミュニティを核とした公共交通のあり方です。いわば、地域の地域による地域のための公共交通ですから、コストを抑えながら持続性の高い

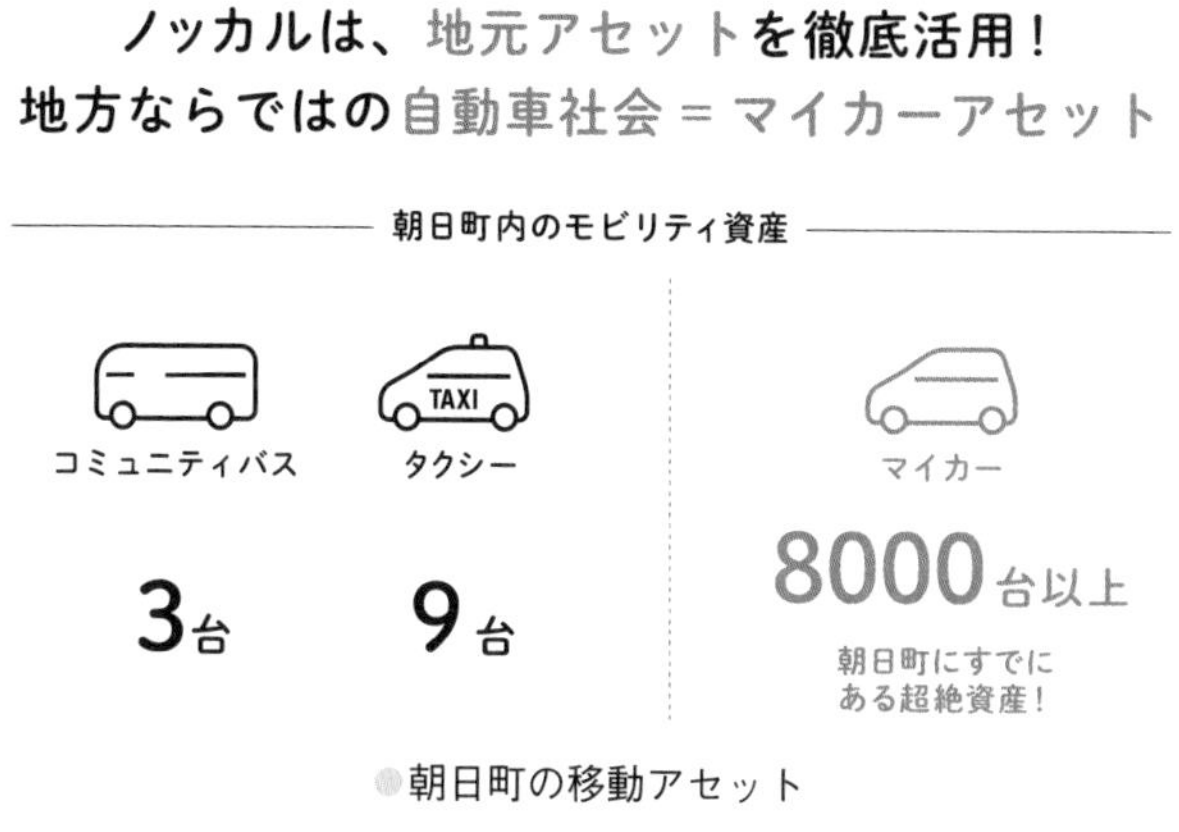

●朝日町の移動アセット

新しい公共交通を目指せる仕組みです。

また、このような地域の皆さんと一緒に考える「共助共創型の仕組み」構築こそが、地域で持続的に運営していける新たな公共サービスのあり方だとも感じています。

そして、この共助共創型のサービス設計は、交通分野に限らずに、さまざまな領域で応用が可能であり、いまや朝日町役場と博報堂が、官民共創でさまざまなサービスを提供し始めているのです。

2

なぜ、共助・共創型が必要なのか？

ノッカルで目指すのは、既存の生活インフラを見直し、持続可能なサービスを再構築していくことです。現在、私たちが利用している生活インフラには、人口が増加し、右肩上がりで経済発展していた時代のものが、まだ数多く存在しています。明確にいえることは、少子高齢化による人口減少が大前提の時代を受け入れ、これからの時代に合わせた持続性の高い生活インフラを再構築していくことなのです。特に、地方部では、今後さらに財政状況が悪化することも想定され、既存の公共サービスの維持というコスト面での課題もあり、交通に限らないさまざまな生活インフラが仕組みごと再構築を求められる可能性があります。

生活インフラの再構築という視点は、地方部に限らず日本全体の課題です。例えば、東京などの都心部でも、まだ経済成長率の高かった70～80年代に建設されたマンションの老朽化が問題になっています。また、都心郊外や地方都市部でも、70年代前後に急速に建設されたニュータウンの老朽化や再生が大きな地域課題になっています。これらオールドマンションやオールドタウンが内包する課題は、人口減少・少子高齢化・設備の老朽化など、課題先進エリアの朝日町と共通するものが多く含まれており、まさにいま、日本全体が直面している問題だと言えます。

ノッカルで扱っている地域交通分野では、バスやタクシーなどの民間交通事業者が撤退し、行政が税金でコミュニティバスを運行することが当たり前になっています。つまり、収益性や事業性が低く、いずれ誰かが解決しなければならない問題でありながら、誰もが積極的には手をつけにくい領域だともいえます。事業性で考えれば、民間事業者が参入するメリットは極めて乏しいでしょう。

一方で、一自治体がこのような構造的な社会課題を解決できるのか？　組織や人材育成の観点からも課題が大きいと考えます。

また、国や担当省庁が各地域の地域課題を解決できるのか？　たしかに、ノッカルなどの地域交通ＤＸの取り組みについては、国土交通省や、都心部の政令指定都市を含む、１００以上の地方公共団体からの視察を受けており、日本すべての行政機関が構造的な課題だと強く感じているとはいえ、具体的なサービスの設計は難しいかもしれません。

では、このような社会課題は誰が解決していくのか？

私たちは、共助・共創という考え方が大前提になってくると考えています。朝日町では、「みんなで未来！課」を中心として、さまざまな公共サービスを再構築していく取り組みを行っていますが、大前提にあるのは「地産地消」の設計です。食料だけの話ではなく、すべてのサービスにおいて、「地域の課題やニーズ」を「地域のアセットや人材」で満たしていく（＝解決していく）という考え方です。

「公助」に頼れない現実を見つめ直し、地域の行政・コミュニティ・住民の皆さんが、「共助」で社会課題解決に取り組んでいくという体制を、いかにして構築していくのかが最大のポイントです。

そして、私たちのような民間事業者が、官民共創という形で、地域の皆さんが社会課題解決を推進しやすいプラットフォームやサービスを提供していく。これが、新

デジタル田園都市国家構想においても、共助・共創サービスが核

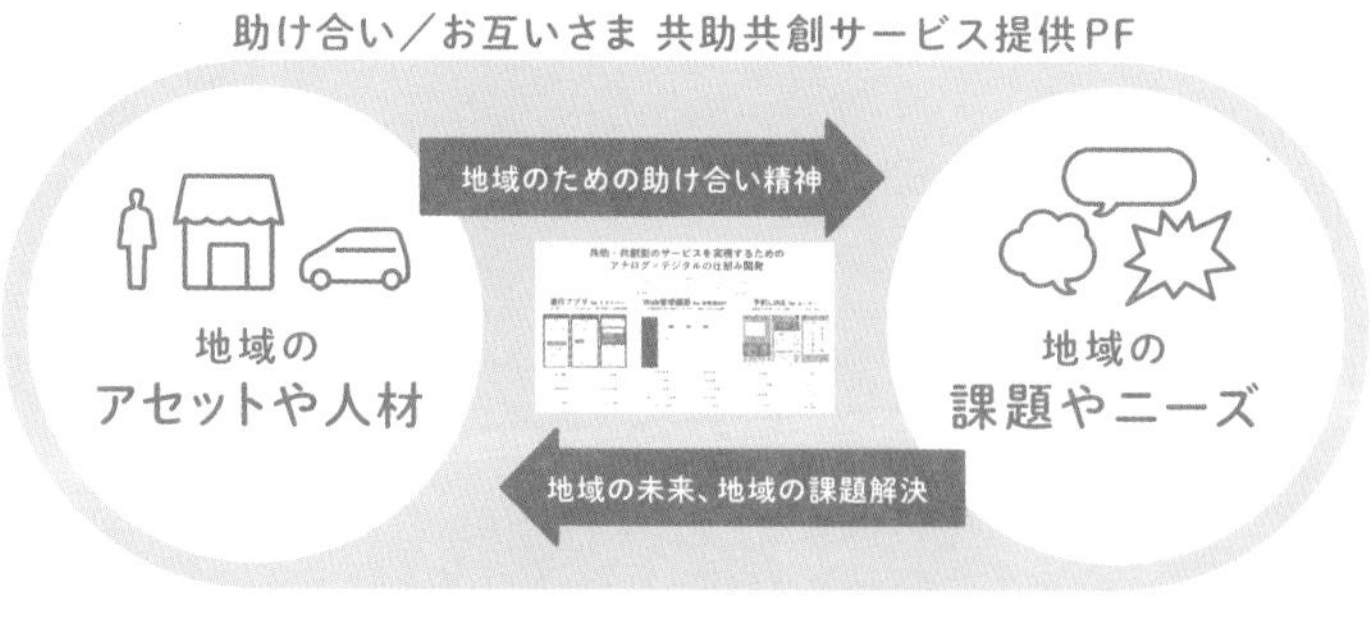

●地産地消によるサービス設計

たな社会インフラ創造のあり方の一つになればと考えています。

そしてこの考え方は、地域交通のノッカル以外の「地域活性」「地域教育」「地域エネルギー」など、複数領域での構想に加え、サービスの社会実装の形で動き始めています。

3 地域活性サービス「ポHUNT《ハント》」の設計書

「地域活性」をテーマにした領域では、行政や街全体の情報発信を再構築し、住民の皆さんや観光客の移動を活性化する目的で、「ポＨＵＮＴ」という取り組みを行っています。デジタルを活用したい地域活性を目指しており、朝日町でも使用率の高い「ＬＩＮＥ」を活用したサービスを設計することで、行政だけでなく、商業施設やイベントに関係する、多様な方々に参加していただいている取り組みです。

私たちは、地域交通全体の再編という活動を行っていますが、交通は移動目的があって初めて成り立つものです。「行ってみたくなる」「参加してみたくなる」そんな情報やコンテンツを発信することで、街全体の移動を活性化できないか？　これが「ポＨＵＮＴ」の始まりでした。朝日町では、人口減少・少子高齢化に伴い、街全体の活気が失なわれていっているという現実があります。

また、コロナ禍の影響もあり、朝日町内での住民間のコミュニケーションやコミュニティも希薄化してきています。地域のつながりを根底に、共助共創型の公共サービスを設計するという意味でも、地域コミュニティの活性化は、大きな社会課題になっていました。

ポＨＵＮＴは、受け取った「情報」や、視聴した「コンテンツ」、移動に利用する「交通」、移動先の「施設」などで、ポイントを貯める（ＨＵＮＴする）サービスです。貯めたポイントに応じて、朝日町にちなんだ商品がもらえるというもので、朝日町のことをよく知ってもらうと同時に、朝日町をよく体験してもらえるような設計を目指しています。すべてＬＩＮＥミニアプリで構築しているサービスで、専用アプリのダウンロードは必要なく、誰でも利用しやすい仕組みです。朝日町では、期間限定のキャンペーンとしてすでに3回実施しており、延べ５０００人程度が利用しています。将来的には常設のサービスを目指すとともに、地域ポイントや地域通貨、共助ポイントなど、地域の共助・共創を推進する役割を担えればと考えています。

ポＨＵＮＴでもベースとなっているのは、当然、地域のアセットです。発信する情報は、「広報／健康／地域振興／交通」など、行政の各担当課が扱っていたもので、自治体のＨＰ上に載せてもなかなか見てもらえないという課題がありました。ポＨＵＮＴで積極的に情報発信することで、より多くの皆さんに行政情報を見てもらうことを目指しており、将来的には、

「回覧板／自治会情報のデジタル化」などの役割も果たせるかもしれません。

なお、クイズや動画などの「コンテンツ」も、新たなものではなく、制作しても見てもらえなかった既存のものを活用しています。例えば、健康分野では、朝日町役場の健康課が制作した健康体操の動画を活用しており、朝日ラジオ体操のような感覚で情報発信し、皆さんに見ていただきました。

また、同様に健康課が実施していた認知症予防のフレイルチェックを基にしたクイズを制作し、クイズに答えながらポイントを貯め、健康意識を高められる施策も行っています。なお、「交通」や「施設」の利用でもポイントが貯まります。各交通や施設には、QRコードを印刷したカードやポスターを置くだけでも参加可能で、延べ100以上の施設に参加してもらっています。ポHUNTユーザーは、それぞれの施設に行き、QRコードを読み込むだけでポイントが貯まっていきます。また、施設によっては、ポHUNTユーザーへの個別特典も用意されるなど、町全体をあげてのお祭りごととして定着してきています。

朝日町には、旧小学校単位で10近い集落地区があり、それぞれに異なる文化があります。集落ごとに参加を促進できるよう、集落対抗でポイントを可視化する機能を用意したり、友達のQRコードを読み込むとポイントが貯まる「つながり機能」を用意したりと、地域の皆さんが積極的に、楽しく参加できるような仕組みを組み込んでいます。

このように、ポＨＵＮＴでは、朝日町のアセットとして「町が保有する情報やコンテンツ」や「町内の多様な施設」を活用することで、地域の共助・共創による地域活性サービスを構築しています。

なお、地域交通領域と異なる点が、ユーザー層です。学生や高齢者が中心となる地域交通に対して、ポＨＵＮＴは20～70代まで幅広い参加者がいます。

スタンプラリーのように、アナログの紙での参加方法も用意しているのですが、情報発信とのセットで考えると、やはりデジタルでのサービスが望ましいのです。

ポ HUNT のチラシ

参加ユーザー層で見ても、スマホ保有者が中心ということもあり、ポＨＵＮＴでは、デジタル上でのサービス設計にこだわりました。ただし、子どもや高齢者でも利用者の多いＬＩＮＥ上で完結する仕組みを構築し、どのエリアでもすぐに使えるよう汎用性を高めています。

また、令和５年度のデジタル田園都市国家構想では、ポＨＵＮＴをベースに、マイナンバーカードを活用したサービス「Ｌｏ《ロ》Ｃｏ《コ》Ｐｉ《ピ》」に発展させています。

ＬｏＣｏＰｉでは、ＬＩＮＥだけでなく、マイナンバーカードを多様な公共サービスの利用や決済に活用できるように設計。学校や病院では、子どもや高齢者の見守りサービスとして活用したり、公共サービスの利用状況をデータ化する仕組みとしても活用していく予定です。

4 地域教育サービス「みんまなび」の設計書

「地域教育」をテーマにした領域では、地方部らしい子育てや教育環境の再構築を目指し、地域の子どもたちに、地域の事業者や住民が「学び体験」を提供する「みんまなび」というサービスを提供しています。地方創生という視点で見ると、子育て環境は持続的な居住や移住にも関わってくる課題です。実際、都市部の子育て世代へのインタビューでは、地方移住への課題として、子育て環境、特に、子どもの体験や学びの可能性が狭まるのではないかという不安の意見が多く挙がります。

私たちが朝日町の子育て世代の皆さんとお話ししたときに印象的だったのは、幼児世代への子育て支援や、小学校でのＩＣＴ教育の取り組みなど、他の自治体と比べても先進的な取り組みを行っていることでした。

一方で、地方部ならではの課題として、通学環境の制約が挙げられます。朝日町では、以前は10近くあった小学校が統廃合され、現在では、町の中心部に２つの小学校があるのみです。当然、遠くから通う小学生も多く、登下校はスクールバスでの送迎が前提になっており、2つの小学校で7台のスクールバスが運行しています。朝日町のコミュニティバスが3台、タクシーが9台ということを考えても、子どもの通学環境がいかに重要視されているかがわかります。

スクールバスでの通学は、私たちが考え及ばなかった現象も生み出しています。小学校が遠い子どもたちは、自宅から小学校まで、ドアtoドアでの通学が当たり前です。現在の環境をよく考えると当然なのですが、じつは、「自然の中での遊びなんてしたことがない！」という子どもたちが大半だったのです。朝日町には、地域ならではの自然環境を活かした遊びや文化が残っているにも関わらず、子どもたちが体験する機会がないのが現実なのです。そして生まれたのが「みんまなび」です。学校外での朝日町らしい子どもたちの学び体験を再構築する「地域教育サービス」を目指しています。

ノッカルやポHUNT同様に、地域のアセットを最大限活かし、地域による教育として、地域の事業者や地域在住の一般の皆さんに、講師として「学びコンテンツ」を提供していただきます。現状のユーザーは、小学生やその親御さんたちで、小学校が終わった放課後に「みんまなび教室」を実施しています。コンテンツは、小学生のニーズを徹底的に洗い出すと同時に、地域で自分の知恵・技術・体験を共有してもよいという方を募集しながら決定しています。子どもたちに興味のあることを聞くと、いまの時代の子どもらしい「プログラミング／eスポーツ／動画編集」のようなものから、朝日町らしい「川遊び／自然を生かした工作体験」のようなものまで幅広い意見が出てきます。彼らの興味を尊重しながら、子どもたちの多様な感性を刺激し、興味を発芽させるようなコンテンツ提供を目指しています。

例えば、地元のテレビ局に提供していただいた「テレビニュースのつくり方体験」、地元のおじいちゃんが提供する「竹細工の工作体験」、他にも「野鳥観察」「茶道体験」から、「メタバース体験」まで、多様な領域の「みんまなび」を実施しています。

講師の方には、ボランティアとしてコンテンツを提供していただいており、まさに、地域共助による学び教室となっています。将来的には、高齢者のスマホ教室と子ども世代の放課後児童クラブや児童館との連携によって、世代を問わない「みんまなび」が理想です。

子育て分野では、「こども家庭庁」において、家庭や学校以外での「こどもの居場所づくり」がテーマになっています。いじめ・不登校・貧困など、さまざまな社会課題の解決を念頭に置いた子育て環境の再整備も目的になっており、地域教育がサードプレイスとして果たせる役割も大きいと考えます。「みんまなび」のコンテンツは、子どもの感性を刺激し、子どもの可能性を拡張するものです。子どもたちにも親御さんにも、ポジティブに前向きに参加してもらえるサービスへとさらに進化させていくつもりです。

●みんまなびのチラシ

5 日本全体で目指すべきものとは？

内閣官房のホームページには、以下のような記載があります。

『地方を中心に、人口減少・少子高齢化、過疎化・東京圏への一極集中、地域産業の空洞化といった課題に直面しています。こうした課題を解決するには、これまでの地方創生の成果を最大限に活用しつつ、地方活性化を図っていくことが求められています。

デジタル技術が急速に発展する中、デジタルは地方の社会課題を解決する鍵であり、新たな価値を生み出す源泉となっています。今こそ、デジタルの実装を通じ、地域の社会課題の解決と魅力の向上を図っていくことが重要です。』

『「デジタル田園都市国家構想」は、「新しい資本主義」の重要な柱の一つです。デジタル技術の活用により、地域の個性を活かしながら、地方の社会課題の解決、魅力向上のブレイクスルーを実現し、地方活性化を加速する。国は、基本方針を通じて、構想が目指すべき中長期的な方向性を提示し、地方の取組を支援する。地方は、自らが目指す社会の姿を描き、自主的・主体的に構想の実現に向けた取組を推進し、「全国どこでも誰もが便利で快適に暮らせる社会」を目指す。デジタルの力で地方が日本の主役になる、そんな未来が始まっています。』

この文章は、国が進める「デジタル田園都市国家構想」の説明文であり、国としての日本の地方自治体への政策という理解もできます。そして、私たちの朝日町での一連の取り組みが目指すものと合致していると考えています。「地方は、自らが目指す社会の姿を描き、自主的・主体的に構想の実現に向けた取り組みを推進すること」が求められている。というより、各地方が自らアクションを起こしていかないと立ち行かない時代が致来していると考えるのが正しいでしょう。

朝日町での官民共創の取り組みは、まさに地方による自主的・主体的な構想の実現です。朝日町での取り組みが成功し、汎用性の高いサービス体系として型化できれば、日本の地方部全体への希望になる可能性もあるのではないか？　収益性や事業性という意味では民間事業者として手を出しにくい領域であることは認識しながら、一プラナーとして、日本社会のあり方を皆で考えるきっかけをつくるべく、チーム一丸となって取り組んでいます。

サービスとして社会実装する際には、地域の皆さんによる、共助・共創型のサービス設計を強く意識しています。それは、外部から余計なものを持ち込むのではなく、各地域の運用コストを可能な限り抑えるソリューションを目指すためでもあります。また、「ノッカル」「ポＨＵＮＴ」「みんまなび」と、すべてのサービスは、ＬＩＮＥプラットフォーム上で利用できるよう設計しています。誰もが使いやすいサービスを意識するとともに、**どの自治体や地域でも導入しやすい形態**を追求するためでもあります。

　朝日町での取り組みは、デジタルの活用や、ＤＸの実現を目的とするのではなく、各テーマ領域における「生活インフラの再構築」を目的とし、ていねいに生活者視点でサービスを組み上げていくことを実践しています。その結果が、朝日

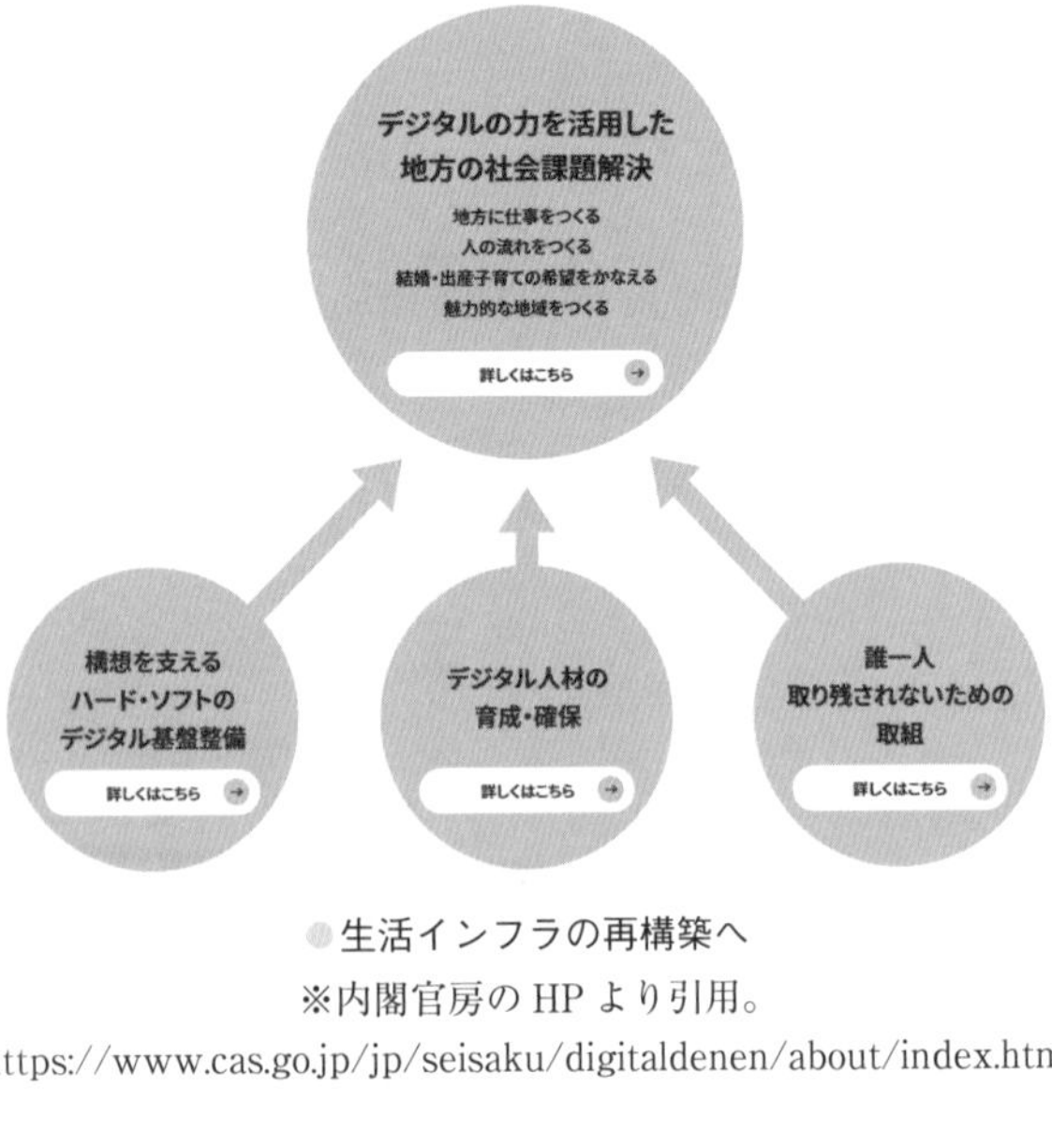

生活インフラの再構築へ

※内閣官房のHPより引用。

https://www.cas.go.jp/jp/seisaku/digitaldenen/about/index.html

町のアセットや朝日町住民の皆さんの特性を活かしたサービス設計につながり、構想で終わらない持続的なサービスとして地域に馴染む成果となっています。そして、何よりも、地域の皆さんがポジティブに楽しく、自主的・主体的に参加してもらえる、生活者視点に立った設計にしていくことこそ、私たちができることだと考えています。

6 地域コミュニティを地産地消コミュニティに

ここでは、現状ではまだ構想段階の将来的な展望について言及したいと思います。地域交通から始まったプロジェクトは、いまや多様な領域へと拡大し、さまざまな社会課題をテーマにしています。根底に据えているのは、地方らしい地域コミュニティを核にした「共助・共創型」のサービスで、これからの時代に合わせた「生活インフラの再構築」を目指すべきと考えています。

生活インフラにこだわる理由は2つあります。

一つは、当然ながら日常生活に必須のものであり、各地域の暮らしを守るものであること。

そして、もう一つは、大きな社会課題でありながら、収益性や事業性の観点から手を伸ばしにくい領域であることです。

つまり、各地域や日本全体にとって、解決策を見出すべき領域にもかかわらず、解決策を提示する成り手が極端に少ない特別な領域だということ。潤沢な投資によるDXには期待しにくいということも事実です。

私たちは、このような生活インフラ領域において、共助・共創型のサービスを設計しました。ノッカルやみんまなびは、提供者もユーザーも同じ地域の住民の皆さんですから、コストはかかりにくい設計です。持続性の高いサービスを意識し、初期コストも運用コストも可能な限り抑え込んでいます。そして将来的な構想として、このような生活インフラ領域においては、ユーザーの利用料金や、提供者への支払いも、他の産業とは異なる形態とすべきか議論しています。

例えばノッカルでは、利用者はコミュニティバスと同じバス券を事前購入し、ノッカルドライバーにバス券で利用料を支払います。ノッカルドライバーは、バス券を朝日町役場に持参することで、地域の商品券を受け取れます。みんまなびもほぼ同様の仕組みで、学びコンテンツの提供講師には、商品券という形で実費や手間賃をお支払いしています。つまり、ユーザー側も、提供者側も、朝日町内でしか使えないバス券や地域商品券をやり取りしており、通常の通貨とは異なる貨幣の取引によって成り立っているのです。交通領域では、高齢者の皆さんや妊婦さんには、無償や半額でのバス券の提供も行われていますし、放課後学習の場もそもそもお金がかかるような運用はされていない地域も多いです。つまり、生活を支える生活インフラは、通常の貨幣とは異なる「価値観」によって支えられているといえます。

朝日町での各サービスは、アナログとデジタルを最適化して活用したものですが、当然ながら「支払い／決済部分」のデジタル化を進めることも考えています。バス券や商品券は、従来から存在したものをそのまま活用しているだけなので、余分なコストはかかっていないのですが、デジタル化することで、印刷費や人的リソースの削減も可能かもしれません。今後の理想は、ノッカルやみんまなびの協力者に、共助ポイントを付与し、そのポイントが他の生活インフラでも活用できる「共助・共創ポイント」にすることです。

また、生活インフラにかかる費用は、都度精算するのではなく、地域全体でサブスクリプションモデルのような形で、「生活インフラパス」をつくることも考えています。

いずれにしろ、生活インフラ領域だけは、他の産業領域とは切り離した形で、利用者と提供者の間で過分なコストをかけずに、地域の共助共創で持続性を担保していくような、地産地消の対価システムが必要だと考えます。

また、これから取り組む領域として、脱炭素というテーマがあります。国や世界全体の政策として明確で、近い将来にカーボンニュートラルを達成することが大前提になります。

CO_2排出量削減のためには、水力・風力・太陽光などの再生可能エネルギーの活用が必須となり、日本国内においても、自治体や地域レベルでの具体的な取り組みが始まりつつあります。エネルギー分野ですから、当然「生活インフラ」であり、朝日町のようなマイカー社会においては、ＥＶの急速な普及やガソリン代替としての電気エネルギーの確保が必要になってきます。世界レベルでも地域によって差はありますが、２０３５年には、ガソリン車を廃止するという基本線もできています。

私たちは、この脱炭素領域においても、エネルギーの地産地消という考え方を大前提にしています。大規模な再生可能エネルギーの導入は、送電網の課題などもあり、各地域によって簡単に解決できる問題ではありません。

一方で、一部エリアや一部用途限定の再生可能エネルギーの導入は、比較的ハードルが低いといえます。例えば、役場・学校・公共施設などの行政施設や、公共交通・公用車・マイカーなどのモビリティ領域における再生可能エネルギーの使用など、どちらも大規模な送電網につなぐ必要がなく、エネルギーの地産地消の初手として考えやすい領域です。地方部では、人口減少に伴うガソリンスタンドの減少も起こっています。

一方で、自動車ディーラーを中心に拡大されている、自動車用のＥＶ充電インフラもまだまだ少ない状況です。ちなみに、朝日町には大規模なＥＶ充電設備はまだ一つもありません。また、ＥＶ充電用の電気が化石燃料から生み出されていては脱炭素効果は薄く、再生可能エネルギーの活用が大前提になっていきます。東京のように各家庭の太陽光パネル設置を目指すにも、地方の住宅事情や気象環境面でのハードルが高いのも事実です。地域コミュニティをベースにした、コミュニティ単位での再生可能エネルギー導入を議論することも必要です。幸いにも地方には豊富な再生可能エネルギー源がありますから、朝日町でも地域コミュニティを活かした、エネルギーの地産地消の実現を考えられるはずです。

7 地方創生プロジェクトに大切な考え方

地方創生は、日本のすべての地域を東京のように活性化することではありません。各地方の特色を活かしながら、そこに暮らす人々の生活を守っていくこと、各地域の特色が魅力として受け継がれ、色とりどりの地域性が日本全体を豊かにすることだと考えています。私たちが構想・実装している仕組みやサービスは、すべて、地域の住民の皆さんや地域の事業者が主体のものです。各地域が自主的・主体的に、地域のあり方や地域の魅力を磨いていくことが理想で、私たちの役割そのサポートをすることです。博報堂の社会課題プロジェクトチームメンバーは、地方出身者がほとんどです。自分たちの故郷が衰退していく姿を目の当たりにし、故郷にいる親世代が健やかに暮らしていけるのか？　心の底から危機感を感じています。朝日町が日本全体の未来だとするならば、都心部におけるオールドマンションや、郊外のオールドニュータウンが同じような問題を抱えているとするならば、私たちの取り組みは、日本全国で必要な基礎的な考え方になるのではないか？　ノッカルを事例として説明した第５章や第６章のステップは、「ポＨＵＮＴ」や「みんまなび」においても同様の取り組みを経ており、同じような課題に挑まれる方々の参考になればと考えています。

最後に、朝日町でのプロジェクトで大切にしていた考え方を次のとおり、再掲いたします。皆さんのプロジェクトでも、頭の片隅で意識していただければ嬉しいです。

・地域が主役の共助共創型のサービス設計
・主体者は地域の事業者や住民の皆さん
・地方部ならではの地域コミュニティを基盤とすること
・地域に馴染む設計＝アナログ×デジタルの設計
・地域が使いやすい設計＝ＬＩＮＥなどのプラットフォーム活用
・生活インフラ領域の大前提＝コスト課題に向き合う
・地元のアセットを徹底活用する＝コストを抑える
・初期コストではなく運用コストを抑制
・コスト課題を含めた持続可能なソリューション

あとがき

本書では、富山県朝日町を舞台に私たちが取り組んできた交通課題を解決する地方創生MaaSの実例をお伝えしてきました。最後まで読んでいただき、本当に感謝いたします。

主に、高齢者の交通課題に向き合ったソリューション施策として、「ノッカル」の立案から実装までのプロセスを詳細に紹介しました。そして、何度もお伝えしてきたように、この成功事例は交通分野にとどまらず、あらゆる分野に応用できる仕組みです。実際に、教育分野の「みんまなび」や、マイナンバーカードを活用した新サービス「ＬｏＣｏＰｉ」の開発にも応用されています。

ご紹介したプロジェクトは、すでに完了した話ではなく、これからが始まりだと捉えています。本書を読んで、「幸せな生活とは何なのか？」「どのような日本にしたいのか？」について、一緒に考えていただける方々が増えてゆくとすればこれに勝る幸せはありません。また、「ノッカル」における官民共創をモデルケースとして、次々と新しい官民共創が実現されて社会課題が解決されることを強く願っています。私たちのこだわりは、この日本再生を、構想で終わらせるのではなく、社会実装までやりきることです。そして、これからの時代の持続的な生活インフラとして、日本全国でのモデルケースとなり、各地で地方発の同様のアクションが起き、波及していくことを願っています。

最後に、本プロジェクトを進めるにあたり、多くの方々に協力していただいたことに心より感謝しています。特に博報堂グループのメンバーでは、プロジェクト当初からともにサービス開発を牽引してくれた常廣智加さん、現場プロデューサーとして活躍してくれた辻野翔太さん、村澤慧吾さん、鎌田臣則さん。各サービスのプランニングを担った古矢真之介さん、多田裕一さん、中山翔太さん、工田菜央さん。博報堂としても初の試みである自社サービス／システム開発に並走していただいた中村信さん、福世誠さん、麻生亜耶さん。そして、プロジェクトオーナーの名倉健司役員、青木雅人役員。朝日町まで幾度となく足を運んでいただいた水島正幸社長。

そして、何よりも、博報堂を温かく受け入れてくださった笹原靖直町長、山崎富士夫副町長をはじめとする朝日町役場の皆さん。何もない最初の状態から一緒にサービスをつくり上げてくれた、当時の交通管轄部署の水野真也課長、寺崎壮さん、小谷野黎さん、ＮＰＯ法人コクリエの善田洋一郎さん。ノッカルのサービスの根幹を担っていただいている、ノッカルドライバーとユーザーの皆さん。黒東自動車商会の近江順治社長。加藤好進議長をはじめとした朝日町議会議員の皆さん。動きはじめたサービスを一緒に拡張してくださった加藤優志課長、大谷和哉課長、野崎幸恵さん、坂藤末知祐さん。ときには応援を、ときには叱咤激励を飛ばしていただいた朝日町の皆さん。私たち2人や博報堂だけで実現できたことは何一つありません。皆さんの想いや優しさに支えられたからこそ、続けてこられた活動です。本当にありがとうございました。

また本書の制作にあたっては、博報堂のデザイナー桑原秀平さん、コピーライター田中量司さん、プラナーの井村惇平さん、菅原和弥さん、谷純一郎さん、広報の江渡一雄さん、白川通子さん、中田小由里さん、博報堂プロダクツの中村和沙さんに、多大なるご協力をいただきました。

皆さんへの感謝とともに、いまに甘んじることなく、未来に向けてさらに精進してまいります。これからも公のために働いていくことを誓って、筆を置きたいと思います。

2024年1月吉日

畠山洋平・堀内悠

巻末特集

ノッカルあさひまち　関連資料

「ノッカルあさひまち」開始時の広報ツール

● サービス開始告知ポスター

● ドライバー募集ポスター

サービス開始を告知するポスターや、
住民ドライバー登録を募る募集ポスターを掲出。

● ドライバーマニュアル

● ドライバーアプリの使い方

登録いただいたドライバーの方々には、
運行に関するマニュアルや
アプリの操作方法のご説明を実施。

「ノッカルあさひまち」利用促進広報ツール

サービス開始後もポスター掲出などを行い、
住民の方々への利用促進を継続的に実施。

●コンセプトを伝えるポスター

●利便性を伝えるポスター

●利用者の声を伝えるポスター

「ノッカルあさひまち」運行ツール

●ラッピング車両

●車両マグネット

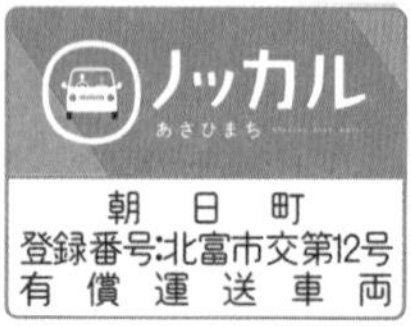

車両には
登録番号記載の
マグネットを貼って運行を実施。

●会員証（利用者用）

●のぼり

●運行者証（ドライバー用）

●時刻表（停留所ごと）

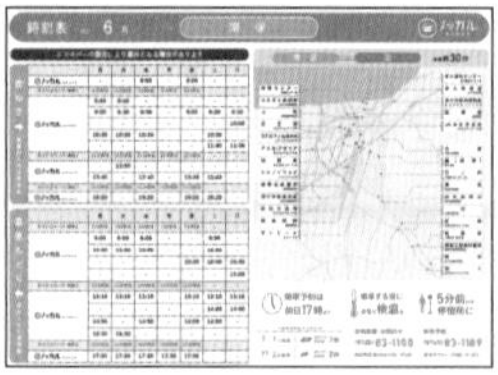

「ノッカルあさひまち」利用者向け・ドライバー向けツール

●利用者向けLINEサービス利用画面

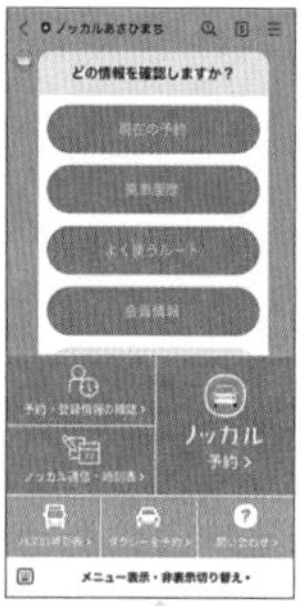

利用者にも使いなじみのある
LINE で予約ができる設計に。
予約に際して文字入力は不要で、
画面タップのみで操作が可能。

●ドライバー向けアプリ利用画面

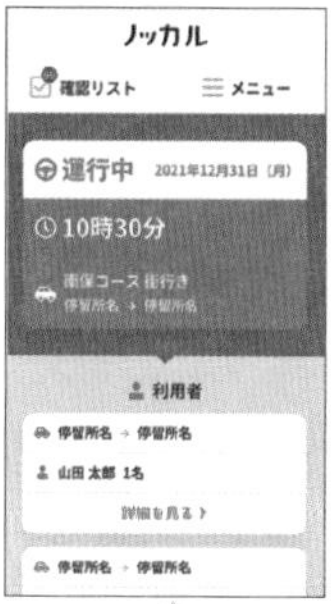

ドライバーは専用アプリから
シフト入力や運行予定の確認、
運行前確認を行う。

「ノッカルあさひまち」住民ドライバーと利用者

ドライバーの
河村 章さん

利用者の
長能 節子さん

畠山洋平の想い

「一人ひとりが住みたい場所に住み続けられる」。このために公共財・公共サービスは必要です。これまでお恥ずかしながら私自身、それは当たり前なことだと考えており、そもそも意識したこともほとんどありませんでした。

5年前。私は父親を急死で失いました。突然の出来事で悲しみに老け込みましたが、同時に、ひとり奈良県に残った母親の生活が急に自分ごと化しました。まず最初に考えたのが、これまでほぼすべて父親の車で生活をしていた母親の移動手段でした。車の免許は持っているので、頑張ればご近所移動については当面はなんとかなりそうでしたが、沿線バスの便数は減っているなど公共交通は減退していました。免許返納をしたら、どうやって移動するのだろうか？ この身近な課題は、奈良県の私の生活周辺だけでなく、日本全国いたるところで起こっていました。そして、公共交通だけに関わらず、さまざまな公共サービスを維持することが危機的な状況に直面していることまでもわかりました。

今回の舞台、富山県朝日町でも同様の状態でした。「ノッカルあさひまち」を通して私たちが出した解決策は、公共サービスというみんなの暮らしに関わることはみんなでやればいい。ということです。なぜそのようなやり方が、成立したのか。それは、日本の地域コミュニティの多くに存在する『お互いさま』。そんなことが日常茶飯事になっている、おせっかい文化でした。『お互いさま』。これは、日本に昔からある魔法の言葉だと思っております。この一言の力を信じて、今後も人々の心をつなぎ、日常をつなぎ、その町ならではの素晴らしい暮らしを、未来につなぐことを目指して邁進していきます。

堀内悠の想い

朝日町プロジェクトで強く感じたことは、「自分たちの世代で何とかしなければ」という、強い使命感です。私が生まれた1980年代は、まだ高度経済成長の余韻が残っていた時代。社会や生活のインフラは、先輩方に整備していただいたものがあり、とても恵まれた環境でした。さて、2020年代。多様なインフラが耐用限界を迎え、大規模な補修も生活の見直しも必然になっています。

技術革新と少子高齢化が進むいま、先人から受け継いだ生活インフラも、多様な視点で見直し、次世代のものへと変えていくべきだと考えています。「ノッカルあさひまち」は、地域交通という生活インフラを、地域の現状や将来に合わせて、再編集・再構築しようという取り組みの一環で生まれたもの。そこで最も大切なのは、地域の方々と一緒になって、地域に合った解決法を見つけていくプロセス。地域の環境や生活者の暮らしや気持ちを軸とした解決策のプランニングです。

「社会課題」というと、途方もなく大きく、重いものと捉えがちですが、いま限界を迎えているのも現実であり、「自分たちの手で新しい仕組みがつくれるチャンス」として、前向きに捉えるべきだと思うのです。先輩方から受け継いだ財産を、私たちの子どもの世代のために、より良いものにつくりかえる。多くの方々が参加しポジティブに議論することが、新しい課題解決のアイデアを生み出し、新しい社会を形づくっていくものと確信しています。そのうねりを起こす中心になっていけるように精進していきます。

■著者紹介

畠山《はたけやま》 洋平《ようへい》（奈良県生駒市出身）

博報堂　MD コンサルティング局 局長代理
「生活者主導社会を導く社会課題解決プロジェクト」ビジネスプロデュースチーム　リーダー
奈良県立奈良高等学校 同志社大学経済学部 卒業。
2003 年博報堂入社。営業職で自動車メーカーを９年携わった後に、従業員組合の委員長として会社運営に従事。その後、大手通信会社営業担当を経て 2016 年人事局に異動。人事制度設計等を担当し、2019 年より、本プロジェクトを立ち上げる。
現在は、富山県朝日町の空き家を購入し、東京都と富山県朝日町の二拠点生活。富山県朝日町次世代パブリックマジメントアドバイザー。富山県地域交通戦略　有識者委員。

堀内《ほりうち》　悠《ゆう》（京都府京都市出身）

博報堂 DX ソリューションデザイン局 局長代理
「生活者主導社会を導く社会課題解決プロジェクト」プラニング／開発チーム リーダー
京都大学工学部地球工学科卒業、同大学院社会基盤工学専攻修了。
2006 年博報堂入社。入社以来、マーケティングプラナーとして、自動車、通信、テクノロジー、消費財、エンタメなど、多様な領域のマーケティング戦略立案やコミュニケーション開発を担当。近年は、メディア DX ソリューションの開発、コンテンツマーケティング手法の開発、社会課題解決を目指すサービス開発など、マーケティングプラナーと広告会社の枠を拡張する業務に邁進する。

これからの地方創生のシナリオ

2024 年 2 月 28 日　初版第 1 刷発行
2024 年 8 月 28 日　初版第 2 刷発行

■著　　者——畠山洋平・堀内悠
■発 行 者——佐藤　守
■企画協力——潮凪洋介（HEARTLAND Inc.）
■編集協力——町田新吾
■発 行 所——株式会社 **大学教育出版**
〒 700-0953　岡山市南区西市 855-4
電話（086）244-1268　FAX（086）246-0294
■印刷製本——モリモト印刷㈱

ISBN978 − 4 − 86692 − 262 − 1